KARL RABEDER

Das **Leben** macht

Geschenke,

die es
als **Probleme**
verpackt

INHALTSVERZEICHNIS

Vorwort 6

Probleme sind notwendig, denn erst Not macht wendig 11

Unser Problem mit Problemen 12
Erste Anzeichen 12
Was bedeutet eigentlich Problem? 14
Hurra, ein Problem! 16

Wie Probleme entstehen 19
Alles, was der Mensch zu brauchen meint 19
Wie Bedürfnisse zu Problemen werden 22
Wenn der innere Leitfaden verloren geht 24
Mit Sicherheit am eigenen Leben vorbeileben 26
Die Macht der Gewohnheit 28
Wie Leben unglücklich macht 31
So klinken Sie sich aus der Bedürfnisspirale aus 33
Spiritualität als Grundbedürfnis anerkennen 37
Selbst-Bewusstsein leben 40
Lernen, was das Herz erfüllt 41

Wer Probleme hat, hat mehr vom Leben 45
Leben geschieht nicht einfach zufällig 45
Die heilende Kraft aus sich selbst 49
Mut zur Veränderung 55

Die Weisheit des Bauchgefühls 57

Wenn der Kopf spricht, hat der Bauch zu schweigen? 59
Warum wir Kopf und Bauch trennen 60
Mit dem Bauch Entscheidungen treffen 61
Wie der Bauch „denkt" 62
Kopfgesteuert in die falsche Richtung 64
Das Leben gibt die richtigen Hinweise 67

Inspirationsquelle Buddhismus 70
Alles ist mit allem verwoben 70
Vom achtsamen Leben 72
Was wir aus dem Buddhismus lernen können 75
Alternativen jenseits des Verstandes 79
Wieder auf die richtige Stimme hören 81
Balance zwischen Bauch und Kopf finden 81

Die Problem(auf)lösung 83

Wahrnehmen, was ist 84
Wie wir unsere Welt sehen 84
Welcher Wahrnehmungstyp bin ich? 87
Lernen Sie sich kennen 95

INHALTSVERZEICHNIS

Das Geschenk erkennen 101

Selbstmitleid bringt Sie nicht weiter 103

Das Problem erkennen 107

Welche Chancen verbergen sich hinter dem Problem? 111

Das Geschenk nutzen 114

Was Sie jetzt tun können 115

Zu sich selbst kommen 117

Das Leben ist ein Berg aus Geschenken 122

Auf dem Weg zu innerer Freiheit 123

Probleme im Beruf 124

Arbeitslosigkeit 126

Burn-out und Bore-out 128

Freude am Beruf 132

Gesundheitliche Probleme 132

Schlafstörungen 133

Verspannungen und Rückenschmerzen 135

Kopfschmerzen 136

Übergewicht 137

Chronische und schwere Erkrankungen 138

Probleme in der Beziehung 141

Hilfe annehmen 142

Probleme mit Geld 144

Mein Qi-Gong-Programm 147

Das Qi aktivieren 148

Begrüßung 149

Basisstand 150

Qi wecken 152

Aufwärmphase 153

Reinigungsübung 154

Weiße Energie 156

Goldene Energie 158

Die Steinscheibe kreisen lassen 160

Die Schwingen nach Nord und Süd ausbreiten 162

Die Energie reinigen 166

Sich zur Erde beugen 166

Abschluss des Übens 168

Nachwort 168

Übungsregister 172

Stichwortverzeichnis 172

Bücher und Adressen, die weiterhelfen 175

Impressum 176

VORWORT

WAS SIE ÜBER DIESES BUCH WISSEN SOLLTEN

Vielleicht ist es Ihnen auch schon einmal so ergangen: Ein Problem hat sich Ihnen in den Weg gestellt, Ihnen tiefe negative Gefühle beschert, Sie fast aus der Bahn geworfen. Und erst einige Zeit nach Auftreten dieses Problems ist Ihnen klar geworden: »Das war das Beste, was mir passieren konnte. Ohne dieses Problem hätte ich eine ganz wichtige Erfahrung, eine Korrektur meines Lebensweges nie machen können.« Statt solche Erkenntnisse mehr oder minder zufällig und erst im Nachhinein zu gewinnen, erscheint es mir sinnvoller, gleich beim Auftreten eines Problems die wahre Botschaft dahinter zu suchen. Denn dadurch verhindere ich, meine gesamte persönliche Energie durch Leiden und flickwerkartige Problemlösung zu verschwenden.

Mir ist es in meinem Leben oft so ergangen. Die wundervollsten Geschenke, die mir mein Leben bisher beschert hat, waren in Probleme verpackt. Daher kann ich inzwischen beim Auftreten eines Problems fast immer sagen: »Hurra – ein Problem! Was ist das Geschenk dahinter?«

Anfangs bin ich diesen Geschenken nur zufällig auf die Spur gekommen, später habe ich dann eine Systematik in meiner Suche entwickelt, die man wie folgt beschreiben könnte: Ein Problem taucht auf. Anstatt daran zu verzweifeln oder mich auf eine hektische Problemlösung zu konzentrieren und so die wichtigen Botschaften und die wahren Geschenke hinter meinem Problem zu übersehen, nehme ich Kontakt zur Stimme meines Herzens auf. Diese intuitive Komponente meines Seins stellt mir dann gemeinsam mit meinem Verstand gezielte Fragen, durch die ich das Geschenk hinter meinem Problem wahrnehmen kann.

Leben Sie Ihr Leben **und genießen Sie es!**

In diesem Buch lernen Sie, Probleme auf diese Weise zu betrachten. Wenn Sie die Geschenke hinter Ihren Problemen entdecken wollen, ist es aber zuerst notwendig, wieder intensiven Kontakt mit Ihrem Bauchgefühl aufzunehmen. Informationen, Techniken und Übungen, die Ihnen helfen, Ihre intuitive Seite verstärkt wahrzunehmen, ziehen sich wie ein roter Faden durch dieses Buch. Daher lade ich Sie ein, es mit Herz und Hirn zu lesen und die beschriebenen Übungen zu machen. Nehmen Sie dabei wahr, was Ihnen Ihr Bauchgefühl *und* Ihr Kopf mitteilen.

Für die meisten eher kopflastigen Europäer ist dieses Teambuilding, also die Zusammenarbeit von Kopf und Bauch, eine ganz wichtige Voraussetzung, um in die Tiefe ihres Seins zu gelangen. Genau dort sind die meisten Geschenke auch verborgen.

Sie zeigen sich bei jedem Menschen unterschiedlich, und dennoch gibt es eine Gemeinsamkeit: Sie besteht in der Instanz, die Ihnen mitteilt, was genau das Geschenk ist. Und diese Instanz ist ein Team – das Team von Bauch und Herz, Seele und Kopf. Lernen Sie, Probleme als etwas zum Leben Gehörendes anzunehmen und die Aufgabe und Botschaft jedes einzelnen Problems wahrzunehmen.

Vielleicht widersprechen einige Passagen Ihrem eigenen Gefühl der Logik oder Klarheit. Das sind die Stellen, die sich weniger an Ihren Intellekt, Ihren Kopf richten als vielmehr an Ihren Bauch, Ihr Herz und Ihre Seele. Nehmen Sie dann einfach wahr, was ein Text, was eine Übung mit Ihnen macht, welche Bilder, Gefühle, Sehnsüchte auftauchen, egal ob diese vordergründig mit dem aktuellen Problem zu tun haben oder nicht.

Anhand der vier großen Lebensbereiche (und damit Problembereiche) Beruf, Gesundheit, Beziehungen und Geld stelle ich Ihnen mögliche Wege vor, wie Sie rasch und einfach das Geschenk hinter einem Problem entdecken können. Einfache Beispiele zeigen Ihnen,

VORWORT

wie mögliche Fragen zu einem Problem aussehen. Rasch werden Sie das dahinterliegende System verstehen und sowohl bewusst als auch intuitiv auf all Ihre Probleme anwenden können.

Wenn Sie sich manchmal mehr Konkretheit wünschen, seien Sie sich des folgenden Zusammenhanges gewahr: Konkretisierung ist ein Wunsch des Kopfes, der alles logisch, klar, strukturiert und schablonenhaft erklärt haben will. Das Herz, der Bauch, die Seele jedoch sprechen völlig anders. Das Leben an sich hält sich an keine Schablonen. Und deshalb sind die Ausdrücke des Bauches, die Sprache der Seele, eben nicht klar, sondern von Mensch zu Mensch sehr unterschiedlich – ebenso wie die Probleme und die dahinterliegenden Geschenke. Deshalb verwende ich in den Textpassagen auf den nächsten Seiten, in denen es um Bauch, Herz oder Seele geht, oftmals eine »offene« Sprache, die sogenannte Milton-Sprache. Diese habe ich im Rahmen meiner Beschäftigung mit NLP kennengelernt. Sie lässt ein freies, persönliches Assoziieren zu – dadurch, dass sie auf kunstvolle Art vage ist.

Die Sprache Ihres Bauches hängt unter anderem von Ihrem bevorzugten Sinneskanal und den Prägungen durch Ihre Erziehung, Ihre Umwelt und die Gesellschaft ab. All diese Faktoren machen Ihre Seelensprache zu einer Art persönlicher Visitenkarte, einem unverwechselbaren Fingerabdruck. Da aber, wie der berühmte französische Autor Antoine de Saint-Exupéry schreibt, das Wesentliche für die Augen – also für den Intellekt – unsichtbar und nur mit dem Herzen wahrnehmbar ist, ist es für ein wirklich erfülltes Leben in Balance einfach notwendig, diese neue Sprache zu erlernen, um so auch sein Herz, seinen Bauch, seine Seele wahrnehmen zu können.

In diesem Buch geht es auch nicht um das perfekte Lösen von Problemen, mit Betonung auf dem Wort *Lösen*. Denn viele Probleme müssen nicht mehr gelöst werden, wenn man das Geschenk

Leben Sie Ihr Leben **und genießen Sie es!**

dahinter wahrgenommen hat. Das ist der Fall, wenn man erkennt, dass ein Problem-Geschenk nur ein Wegweiser ist, der sich mitten in den eigenen Lebensweg gestellt hat und einen auffordert, sich neu zu orientieren.

Darüber hinaus, da möchte ich ganz ehrlich zu Ihnen sein, werden Sie in diesem Buch viel mehr Fragen als Antworten finden. Das ist kein Grund, Ihr Geld zurückzuverlangen. Ich bin der Überzeugung, dass es meine Aufgabe als Autor, Coach und Trainer ist, Ihnen die richtigen Fragen zu stellen, durch die Sie für sich die richtigen Antworten in sich selbst finden werden. Wenn dann eine meiner Fragen weitere Fragen in Ihnen auftauchen lässt, dann sind Sie auf einem spannenden Weg, der Ihr Leben ungemein bereichern wird. Lassen Sie die Fragen einfach sprudeln und hören Sie auf die Antworten in Ihrem Inneren!

Genau so, wie es in diesem Buch nicht ums *Lösen* von Problemen geht, so geht es auch nicht ums *Wissen*. Es geht vielmehr darum, das Geschenk hinter dem Problem wahrzunehmen und auszupacken. Und weil dieses Wahrnehmen meist nicht mit dem Intellekt (Kopf) möglich ist, sondern intuitiv, mit dem Bauch oder Herzen erfolgt, ist es nötig, wieder mehr mit sich selbst in Kontakt zu treten und Zugang zur eigenen Intuition zu finden. In diesem Buch stoßen Sie auf eine Vielzahl von Möglichkeiten, diesen Zugang zu finden, sowohl wissenschaftliche, philosophische als auch spirituelle. Sie lernen auch einige buddhistische Sichtweisen kennen und finden viele verschiedene Übungen, die dazu dienen, Ihre Herzenswahrnehmung zu verbessern. Daher bitte ich Sie, nicht logisch darüber zu urteilen, ob eine Übung in Ihrem Falle hilfreich ist oder nicht, sondern sie einfach zu machen und dabei mit all Ihren Sinnen wahrzunehmen, was sie in Ihnen auslöst und was dabei auftaucht – egal ob es vordergründig mit Ihrem Problem zu tun hat oder nicht.

VORWORT

Sehr oft zeigen sich die Geschenke hinter einem Problem zuerst als kurze »Wahrnehmungsblitze« im bevorzugten Sinneskanal. In diesem Buch lernen Sie daher auch die von Ihnen bevorzugten Sinneskanäle kennen. Dadurch gelingt es Ihnen leichter, mit Ihrem Innersten Kontakt aufzunehmen und Hinweise auf die in Ihren Problemen verpackten Geschenke zu erhalten. Erst durch intensiveres Nachfragen und Nachspüren werden die Botschaften Ihres Bauches immer klarer greifbar, in der Rückschau oft auch logisch erklärbar.

Um die nötige Wahrnehmungsweite zu erreichen und den eigenen Bauch zu verstehen, ist es notwendig, diese Wahrnehmung zu schulen und dadurch zu lernen, wie sich das eigene Herz mitteilt und wie man mit ihm kommunizieren kann. Dazu zeige ich Ihnen einige Wege auf und lade Sie ein, sie gemeinsam mit mir zu beschreiten. Lassen Sie sich dabei von Ihrem Herzen leiten.

Viel Freude dabei wünscht Ihnen

Probleme sind notwendig, denn erst Not macht wendig

Das Leben ist ein ständiger Prozess der Wandlung. Nichts lässt sich vorhersagen, es kann jederzeit eine überraschende Wendung eintreten, die alles, was bisher war, infrage stellt oder umkrempelt. Plötzlich auftretende Probleme und unangenehme Veränderungen im Alltag können einen regelrecht aus der Bahn werfen. Plötzlich ändern sich die altgewohnte Ordnung und der übliche Tagesablauf; manchmal wirkt ein Ereignis geradezu wie ein Schock. Probleme können in vielerlei Gestalt auftreten: Schwierigkeiten am Arbeitsplatz mit dem Chef oder den Kollegen, eine angespannte Atmosphäre zu Hause, in der es zu häufigen Streitereien kommt, Verlust eines Familienmitglieds oder Partners durch Trennung oder Tod, finanzielle Sorgen oder eine ernsthafte Krankheit. Jedes dieser Probleme ist für den Betroffenen gravierend und bedrohlich. Trotzdem oder gerade deshalb sollte man jede Schwierigkeit als Wegweiser verstehen, der einem hilft, einen neuen Blick auf sein Leben zu werfen. Wie Ihnen das gelingt, werde ich Ihnen im Verlauf dieses Buchs zeigen.

UNSER PROBLEM MIT PROBLEMEN

Jedes Problem, jedes Unbehagen angesichts einer bestimmten Lebenssituation, jede unangenehme Wendung im Leben birgt auch immer eine Chance – aber erst, wenn man in der Lage ist, die damit verbundene Botschaft zu erkennen und zu verstehen. Denn ein Problem muss nicht immer die Form einer existenziellen Krise annehmen. Oft ist diese bedrohliche Veränderung nur der Höhepunkt einer unguten Lebenssituation, die sich schon seit Langem unbemerkt und im Verborgenen zugespitzt hat, weil man nicht mehr ausreichend auf sich selbst und seine eigentlichen Bedürfnisse geachtet hat. Man ist sich sozusagen auf diese Weise im Lauf der Zeit selbst abhandengekommen.

Erste Anzeichen

Ein untrügliches Anzeichen für eine beginnende »Schieflage« im Leben ist das Gefühl der inneren Unzufriedenheit oder grundloser Traurigkeit. Man ist wütend, deprimiert, gereizt oder neidisch auf andere Menschen, denen es vermeintlich besser geht als einem selbst. Diese negativen Gefühle deuten darauf hin, dass etwas nicht stimmt, dass man nicht mehr im Lot ist und sein inneres Gleichgewicht verloren hat. Oft liegen solchen Stimmungen konkrete Schwierigkeiten wie Konflikte mit dem Partner oder Probleme am Arbeitsplatz zugrunde. Doch manchmal verspürt man sie auch, ohne recht zu wissen, wo sie genau herkommen. Häufig gehen sie mit einem diffusen Gefühl von innerer Leere oder eines nagenden Bedürfnisses einher, das man dann auf verschiedenste Arten zu befriedigen sucht – durch noch mehr Arbeit, durch Alkohol oder Genussmittel, durch extensiven Sport, durch Sex, durch Shopping.

Doch das alles bringt einem keine andauernde Befriedigung, sondern lässt einen am Ende des Tages leer und frustriert zurück.

Vom Problem zur Krise

Was zunächst eine bloße Stimmung zu sein scheint, kann sich zu einem handfesten Problem auswachsen und zu behandlungsbedürftigen Beschwerden führen. Häufig lassen Leistungsfähigkeit und Motivation so nach, dass man in Gefahr gerät, seinen Arbeitsplatz und damit sein gesichertes Einkommen zu verlieren. Oder man macht, unbewusst und unbeabsichtigt, Menschen in seinem Umfeld so unglücklich, dass es zu einer Trennung kommt. Im schlimmsten Fall spitzen sich die Probleme dann zu einer existenziell bedrohlichen Lebenskrise zu. Doch bevor wir uns dem Thema zuwenden,

Ein Gedanke: Es gibt keine Sicherheit

Eine Krise oder ein Problem kann sich zu einer Situation entwickeln, in der sich alles zuspitzt; im schlimmsten Fall kommt es zu einer existenziellen Katastrophe. Es ist, als ob plötzlich ein Pausenknopf gedrückt würde: Die Zeit steht still; nichts geht mehr, und man wird gezwungen, sich mit sich selbst, mit seinem Leben auseinanderzusetzen. Alles, was vor Kurzem noch selbstverständlich erschien – die finanzielle Sicherheit, das soziale Netz aus Familie und Freunden, die intakte Beziehung oder das gute Ergebnis beim letzten Gesundheits-Check-up, erweist sich unter Umständen plötzlich als gigantische Mogelpackung. Die Sicherheit, die man durch diese Umstände zu haben glaubte, ist nur eine vermeintliche. So zeigt uns jedes Problem, dass es im Leben keine absolute Sicherheit gibt.

wie wir solche Situationen, die im Leben jedes Menschen auftreten, positiv umwandeln können, sehen wir uns die »Quelle allen Übels« einmal genauer an.

Was bedeutet eigentlich Problem?

Der Begriff Problem stammt aus dem Griechischen (πρόβλημα, *próblema*) und bedeutet so viel wie »eine gestellte Aufgabe«. Und damit ergibt sich auch schon der richtige Blickwinkel: Bei einem Problem handelt es sich um eine (wenn auch manchmal schwierige) Aufgabe, eine schwer zu beantwortende Frage oder eine Schwierigkeit, die sich einem in den Weg stellt. Die Lösung liegt dabei selten auf der Hand, sondern ist unklar, durch irgendeinen Umstand blockiert und immer mit gewissen weiteren Schwierigkeiten verbunden.

Schematisch kann man sich das folgendermaßen vorstellen:

1. Ein Problem ist zum einen ein unerwünschter Zustand, zum anderen eine Situation, die ein bestimmtes, auf die Situation abgestimmtes Handeln erfordert.
2. Ein Problem beinhaltet immer auch einen erwünschten Endzustand und damit ein wünschenswertes Ziel.
3. Ein Problem bedeutet immer, dass der Übergang von Punkt 1 zu Punkt 2 erschwert ist und man im Moment noch keinen Weg findet oder kennt, wie man sein Wunschziel erreichen kann und das Problem überwindet.

Auf den ersten Blick sind Probleme also immer etwas Unangenehmes; sie stellen Hindernisse dar, die den normalen, gewohnten Gang der Dinge blockieren. Angesichts eines Problems scheint es einem unmöglich, von der unbefriedigenden oder bedrückenden Ausgangssituation in eine angenehme, wünschenswerte Zielsituation zu gelangen. Jetzt treten Emotionen wie Wut, Angst, Trauer oder Selbstmitleid zutage, die uns lähmen und die uns am Weitergehen hindern. Dabei treten Probleme im Alltag jedes Menschen in vielerlei Gestalt auf und zwingen uns – oder bringen uns – zum Innehalten, Nachdenken und Nachspüren.

Die häufigsten Probleme

Die häufigsten und am dramatischsten empfundenen Probleme treten in folgenden Bereichen auf:

Beruf/Karriere: Probleme mit dem Chef und/oder Kollegen; keine oder stockende Entwicklungsmöglichkeiten; Arbeitsplatzverlust; Existenzangst; generelle Unzufriedenheit mit dem (gewählten) Beruf; Mangel an kreativen Entfaltungsmöglichkeiten; zu hohe Arbeitsbelastung, zu wenig Freizeit

Gesundheit: Spürbare körperliche und seelische bzw. mentale Symptome (Lustlosigkeit, Gereiztheit, Gefühle des Versagens oder der Sinnlosigkeit, Angst, Müdigkeit und Erschöpfung, Schlaf- und Konzentrationsstörungen, Verzweiflung, Depressionen, chronische Motivationslosigkeit, Suchtverhalten in Form von Substanzen- oder Alkoholabhängigkeit, Abhängigkeit von Fernsehen und Internet, Stimmungsschwankungen, Kopf- und Rückenschmerzen, Magen-Darm-Beschwerden); Übergewicht; Appetitlosigkeit

Partnerschaft: Untreue, Fremdgehen; Sprachlosigkeit; Gleichgültigkeit gegenüber dem Partner; Zweckbeziehung; mangelnder Respekt; Konkurrenz; Trennung und/oder Scheidung; aber auch: Tod eines geliebten Menschen

Geld: Das Gefühl, dass immer zu wenig Geld vorhanden ist, um (lebens-)wichtige Bedürfnisse zu decken; Konsum über die eigenen Verhältnisse aus Statusgründen; das Gefühl, dass viel Geld auf Dauer auch keine Lebenszufriedenheit schenkt

Bedenken Sie aber eines: Auch wenn jedes Problem sich zunächst unangenehm anfühlt, wird es Ihnen dabei helfen, Fehlerquellen in Ihrem Leben zu identifizieren und zu beheben. Man kann es sogar so formulieren: Je eher ein Problem im Leben auftritt, desto besser ist das für Sie, weil es dazu führt, dass Sie ein wünschenswertes Ziel schneller erreichen.

Hurra, ein Problem!

Ich werde Ihnen auf den nächsten Seiten zeigen, dass es sich durchaus lohnt, ein Problem willkommen zu heißen, anstatt es als etwas Lästiges oder Unangenehmes zu empfinden, das man so schnell wie möglich beiseiteschieben muss. Zum einen hat das Beiseiteschieben keinen Sinn, weil ein verdrängtes, also nicht gelöstes Problem früher oder später wieder auftauchen wird – und zwar meistens in einer noch penetranteren Form. Zum anderen gehören Probleme zu jedem Leben dazu; kein Leben läuft glatt und reibungslos ab. Im Gegenteil: Man kann jedes Leben als eine Anhäufung von Problemen betrachten, und unsere Aufgabe besteht darin, gründliche und passende Lösungen zu suchen.

Probleme sind Entwicklungshelfer

Dass wir so oft versuchen, Probleme schnell vom Tisch zu wischen oder wegzuschauen, wenn es wehtut, hängt mit unserem ökonomisch arbeitenden Gehirn zusammen: Wir haben ein festes Bild davon, wie es bei uns – im Beruf, in der Partnerschaft, in unserem Inneren – aussehen soll, und nehmen dieses Bild als gegeben hin. Wenn dieses Bild nun durch äußere Einflüsse – eben in Form von Problemen – gestört wird, versuchen wir, diese Störung zu ignorieren oder möglichst schnell auszuschalten. Dabei bieten auftretende

Schwierigkeiten uns eine viel größere Chance: Sie können dafür sorgen, dass wir unsere Vorstellungen immer wieder neu an unsere Bedürfnisse anpassen. Auf diese Weise helfen uns Probleme dabei, dass wir in unserer Wahrnehmung offen und beweglich bleiben und uns innerlich und äußerlich weiterentwickeln. Bedenken Sie, dass ein Problem beträchtliche kreative Ressourcen freisetzen kann. Die tollsten Erfindungen, angefangen vom Rad über die Glühbirne bis hin zum Computer, wären nie zustande gekommen, wenn es vorher keine Probleme gegeben hätte. Daher betrachte ich ein Problem immer als etwas Gutes, denn es gibt mir die Gelegenheit, meinen Standpunkt zu verändern, Dinge aus einem anderen Blickwinkel zu betrachten und mein Leben besser zu gestalten.

Protokoll

Meine eigene Geschichte

Wir lernten uns in einem Tanzlokal kennen, meine spätere Partnerin, Mitarbeiterin und Ehefrau Irene und ich. Wir waren uns sofort sympathisch, tanzten miteinander und trafen uns in den nächsten Wochen öfter. Langsam und irgendwie ganz selbstverständlich wurde aus uns ein Paar. Eigentlich wollte Irene nach ihrem Lehramtsstudium Physiotherapeutin werden, doch dann beschloss sie, in meine Firma »Karl Rabeder Kunsthandwerk« einzusteigen, die ich schon während meines Studiums gegründet hatte. Sie übernahm dort die Bereiche Büroorganisation und Produktdesign. So schritt die Entwicklung unserer Firma zügig voran. Ich gab dabei die Richtung vor, und sie folgte mir. Der Erfolg unseres Unternehmens übertraf alle Erwartungen. Wir arbeiteten oft 14 bis 18 Stunden täglich, hatten aber außerhalb der Hochsaison auch sehr viel Freizeit. Dann widmete ich mich »meinem« Sport, dem Segelfliegen, fuhr von einem Wettbewerb zum nächsten und wurde von Irene wunderbar unterstützt und betreut.

PROBLEME SIND NOTWENDIG

Eigentlich war diese Symbiose großartig, weil wir einander wunderbar ergänzten und tolle freundschaftliche Gefühle füreinander empfanden. Und trotzdem machte sich tief in meinem Inneren ein Gefühl bemerkbar, dass irgendetwas nicht passte. Trotz der wirtschaftlichen und sportlichen Erfolge (ich hatte auch die Betreuung des österreichischen Junioren-Nationalteams übernommen) fehlte mir immer mehr der Sinn bei meinem Tun. Nur wagte ich nicht, mich zu beklagen, denn schließlich konnte ich mir doch so viele materielle Wünsche erfüllen: den Besuch edler Restaurants, luxuriöse Urlaube, große Häuser und dergleichen. Außerdem war ich damals noch fest davon überzeugt, dass ich mir mit meinem Geld auch Freiheit erkaufen könnte.

Irgendwann war es dann so weit: Ich fuhr mit den Segelflieger-Junioren ins Trainingslager nach Frankreich, Irene in den Urlaub zum Tauchen. Bei der Rückkehr holte sie mich vom Bahnhof ab, und ich wusste vom ersten Moment an, dass sich ab jetzt alles ändern würde. Sie eröffnete mir, dass sie einen anderen Mann kennen- und lieben gelernt hätte und sich von mir trennen wollte. Das war für mich ein Schock; in der Folgezeit litt ich sehr, jedoch vor allem aus gekränktem Stolz und Selbstzweifeln.
Eines jedoch machte mich neugierig. Irene hatte mir auf mein Drängen hin etwas von der Liebe erzählt, die sie für diesen Mann empfand. Eine Liebe, die sie so für mich nie empfunden hatte. Und in mir meldete sich eine ganz leise Stimme, die sagte: »Das möchte ich auch!« Ich empfand große Sehnsucht, auch ein so wundervolles Gefühl von Liebe für eine Frau empfinden zu können. Denn es war nicht die große Liebe, sondern eine wundervolle Freundschaft gewesen, die uns verbunden hatte und uns immer noch verbindet. Ich zolle ihr größten Respekt für ihre Entscheidung, dem Zustand innerer Leere in unserer Beziehung ein Ende zu setzen, um sich einem neuen Leben zuzuwenden. Denn erst durch diese Trennung konnte Irene sich selbst finden und einen eigenen Weg als Fotografin einschlagen. Und auch ich durfte nach dieser Trennung eine Liebe kennenlernen, die viel mehr war als nur Freundschaft. Und so zeigt sich: Es war ein großes Geschenk, das Irene uns beiden durch die Trennung gemacht hat – obwohl ich das nicht auf Anhieb erkennen und verstehen konnte.

WIE PROBLEME ENTSTEHEN

Jeder Mensch hat von Geburt an Bedürfnisse. Mit einigen kommen wir auf die Welt; das sind die sogenannten Vitalbedürfnisse wie Atmen, Essen und Schlafen. Andere entwickeln sich erst im Lauf des Lebens. Jede dieser menschlichen Neigungen und Notwendigkeiten beruht, so formulierte es einer der Gründerväter der humanistischen Psychologie, Abraham Maslow (1908–1970), auf fünf Stufen. Der US-amerikanische Psychologe widmete sich der Erforschung der Lebensmotive, auf deren Grundlage der Mensch sich selbst verwirklicht. Demnach besitzt jeder Mensch eine eigene, biologisch begründete innere Natur. Diese ist ein besonderes Gattungsmerkmal und sollte optimal entwickelt und gefördert werden. Durch die vorherrschenden Mechanismen der Gesellschaft kann dieser Kern eines Menschen jedoch leicht unterdrückt werden, was erhebliche Folgen nach sich zieht. Denn wenn diese innere Natur einer Person verneint wird, wird der Mensch krank.

Alles, was der Mensch zu brauchen meint

Maslows Theorie führte zur »Maslow'schen Bedürfnispyramide«, die heute zu den fest verankerten wissenschaftlichen Glaubenssätzen der westlichen Welt gehört. Der Boden dieser Bedürfnispyramide besteht aus den Grundbedürfnissen, die so alt sind wie jedes Leben auf der Erde selbst. Sie entstehen aus dem Überlebenstrieb, weshalb das wichtigste Vitalbedürfnis darin besteht, zu atmen und ausreichend zu essen und zu trinken. Bei manchen Menschen kann sich dieser Urtrieb so stark zeigen, dass sie unglaubliche Vorräte horten oder mehr essen oder trinken, als ihnen guttut. In grauer Vorzeit hatte dieses Verhalten durchaus einen Sinn, wenn es darum ging, sich für Hungerzeiten zu wappnen. In Zeiten des Überflusses deutet dieses Verhalten eher auf bestimmte Ängste oder eine Leere hin, die durch Nahrungsmittel aufgefüllt werden will. Auf dieser untersten Pyramidenstufe befinden sich auch alle anderen körperlichen Bedürfnisse nach Schlaf, Schmerzfreiheit und Fortpflanzung.

Auf der zweiten Stufe steht das Bedürfnis nach Sicherheit: Schutz vor Gefahren, Recht und Ordnung, materielle Sicherheit; durch Sicherung von Wohnstätte und Arbeitsplatz, einer bestimmten gesellschaftlichen Ordnung und Gesundheit wird dieses Anliegen gefestigt.

Das drittwichtigste Bedürfnis besteht nach Maslow in sozialen Kontakten: Das Zusammensein und Gespräche mit anderen, Freundschaften, Partnerschaften, Fürsorge und Empathie werden auf dieser Stufe gelebt. Auch dieses entstammt einem uralten biologischen Programm, denn das Überleben war in der Gemeinschaft einfacher, als wenn man auf sich allein gestellt war.

Auf der vierten Stufe stehen die Individualbedürfnisse: höhere Wertschätzung durch Status, Respekt, Anerkennung, Wohlstand, Einfluss und Erfolg. Diese Bedürfnisse kann man sich auf vielerlei Weise erfüllen: indem man viel Geld verdient und sich materiellen Luxus gönnt; indem man viel leistet und erfolgreich ist, am besten mehr als jeder andere; indem man zügig Karriere macht; aber auch, indem man sich für andere aufopfert. All das zieht mitunter fatale Folgen nach sich, da man oft einen enormen Kraftaufwand betreiben muss, um die gewünschte Anerkennung zu erzielen und auf Dauer zu erhalten.

Das fünfte Bedürfnis besteht in dem Wunsch nach innerem Wachstum und Selbstverwirklichung. Ein Mensch will wissen, wer er ist und worin seine besonderen Fähigkeiten bestehen; er will seine Talente entfalten und seine Möglichkeiten ausschöpfen.

Später ergänzte Maslow die Bedürfnishierarchie noch um eine sechste Stufe: das Bedürfnis nach Transzendenz.

Bedürfnispyramide nach Maslow

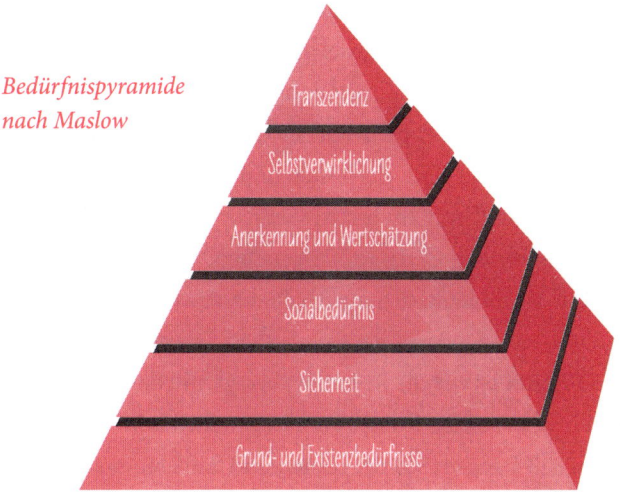

Maslow ging davon aus, dass man die höheren Stufen erst erreichen kann, wenn die Bedürfnisse der unteren Stufen ausreichend befriedigt sind. Überspitzt formuliert könnte man sagen: Erst wer satt und gesichert ist, wer anerkannt und geliebt wird, kann innerlich wachsen. Dabei zeichnen diese höheren Bedürfnisse einen Menschen als Individuum aus; sie sind im Gegensatz zu den physiologischen Grundbedürfnissen nicht zwingend zum Überleben notwendig.

Werden die höheren Bedürfnisse ausreichend befriedigt, so entfalten sie eine weitreichende Wirkung. Zum einen führen sie zu Lebenszufriedenheit und tiefem Glück, zu Gelassenheit und Ausgeglichenheit, aber auch zu mehr Gesundheit, besserem Schlaf und einem längeren Leben. Insgesamt führen die Beschäftigung mit den höheren Bedürfnissen und ihre Befriedigung zu einer größeren und authentischeren Individualität.

PROBLEME SIND NOTWENDIG

Wie Bedürfnisse zu Problemen werden

Wir leben in einer hyperbeschleunigten, konsum- und wachstumsorientierten Gesellschaft, die uns viel abverlangt, damit dieses wachstumsorientierte System in seiner bisherigen Form bestehen bleibt. Wer innerhalb seiner persönlichen Grenzen erfolgreich sein will, muss auf der einen Seite viel leisten und auf der anderen auf vieles verzichten, und zwar am besten schon von Kindesbeinen an. Unser Erziehungssystem ist darauf ausgerichtet, jungen Menschen einzutrichtern, sie müssten sich innerhalb dieser Mauern einrichten, um zu wertvollen Stützen der Gesellschaft zu werden. Der Ernst des Lebens beginnt ja, wie die Redensart besagt, mit der Schule. Deswegen bleibt bei vielen Kindern und Jugendlichen von Beginn an eine Botschaft hängen: Schule, Lernen und Weiterentwicklung müssen oder dürfen sogar keinen Spaß machen.

Und schon bleibt auf der Strecke, was einem selbst Freude bereitet, was einem Spaß macht, was einem gut tut: Denn diese individuellen Bedürfnisse spielen keine Rolle – zumindest nicht für das Gesamtsystem. Regeln befolgen, Leistungen erbringen, die Anforderungen von Erwachsenen erfüllen: Ein solches System produziert unglückliche Menschen, die mit dem Strom schwimmen und ihre eigenen Bedürfnisse unterdrücken oder nicht einmal mehr wahrnehmen. Was dann irgendwann dazu führt, dass sie ihre innere Leere mit Konsum, Luxus, extremen Sportarten oder Suchtmitteln füllen – bis nichts mehr geht.

Das ist der Grund dafür, dass es vielen Menschen in unserer Gesellschaft trotz ständig steigenden materiellen Wohlstands immer schlechter geht, dass Burn-out und Depressionen (sogar schon bei Kindern) zunehmen und medizinisch behandelt werden müssen.

Wie Probleme entstehen

Die eigenen Werte leben

Die folgende Übung führe ich gern in meinen Seminaren durch. Nehmen Sie sich ein Blatt Papier, ziehen Sie in der Mitte eine Linie und notieren Sie links, welche **Werte** Ihnen in Ihrem Leben wirklich wichtig sind. Damit meine ich nicht Werte wie Villa, Sportwagen oder Designerklamotten, sondern die wirklich wichtigen! Da kann dann beispielsweise stehen: Liebe, Freude, Freiheit, Gesundheit, Ökologie, Familie, Sicherheit, Spiritualität und dergleichen. Ordnen Sie nun Ihre Werte der Wichtigkeit nach, sodass Ihr wichtigster Wert ganz oben in Ihrer Liste steht, der zweitwichtigste darunter und so fort. Dann füllen Sie die zweite Spalte aus. Schreiben Sie auf, wie Ihr üblicher Tagesablauf unter der Woche aussieht. Zum Beispiel: 6 Uhr aufstehen, Frühstück machen, Kinder in den Kindergarten bringen, Waschmaschine anstellen, Spülmaschine ausräumen, 30 Minuten Fahrt ins Büro, acht Stunden Arbeit, Abendessen, Fernsehen.

Betrachten Sie nun beide Spalten nacheinander. Und dann stellen Sie sich folgende Frage: Wie und vor allem wann lebe ich meine wichtigsten Werte? Wenn Sie, wie viele andere Menschen auch, feststellen, dass Sie viel zu wenig Zeit haben, um Ihre wichtigsten Werte zu leben, dann sollten Sie sich auch fragen: Wenn ich meine wichtigsten Werte nicht so lebe, wie ich möchte, welche und wessen Werte lebe ich dann eigentlich? Will ich das, was ich tue, wirklich, oder tue ich es nur, weil die meisten es so machen und weil ich es auch immer so getan habe? Richte ich mich mehr nach den Erwartungen anderer statt nach meinen eigenen?

Die einzige Frage, die in diesem Zusammenhang aber wirklich wichtig ist, lautet: **Wie will ich meine Werte von nun an leben?**

Wenn Liebe mein wichtigster Wert ist, wie will ich Liebe in meinem Beruf, meiner Familie, in meinem ganzen Leben leben? Wie sieht es aus, wenn ich alles mit Liebe tue, vom Aufwachen übers Arbeiten bis hin zum Sprechen und Essen? Wie gehe ich liebevoll mit mir selbst, mit anderen Menschen, ja mit unserem ganzen Planeten um?

Wenn der innere Leitfaden verloren geht

Sich einfach mal eine Pause gönnen, sich in die Sonne setzen und den lieben Gott einen guten Mann sein lassen, das erscheint in der heutigen Gesellschaft immer unwichtiger. Dazu gehört jede Form von »Faulheit« oder »Nichtstun«, wie ein Schläfchen zwischendurch, Phasen der kreativen Langeweile, Langsamkeit, Achtsamkeit, Innehalten, Naturgenuss und so fort. Wenn wir auf diese überflüssigen Dinge, diese Art von Zeitverschwendung nicht verzichten, so wird uns suggeriert, dann drohen Konsequenzen in Form von Einbußen und Verlusten, und zwar von so wichtigen Dingen wie Einkommen, Arbeitsplatz, Familie und Freunden. Um das zu vermeiden, bleibt offensichtlich nur eines:

Sich selbst aus den Augen verlieren
Die einzige Rettung liegt, so scheint es, in der kompletten Aufgabe der eigenen Bedürfnisse, und im Zweifelsfall sogar des eigenen Selbst. Und so unterwirft man sich den Anliegen, Bedürfnissen und Anforderungen anderer Menschen und wird zum Mitläufer, der trotz allem davon überzeugt ist, sein Geschick selbst in der Hand zu haben und selbstbestimmt zu leben.

Das mag nun alles reichlich überspitzt klingen. Die Wahrheit ist aber oft noch viel dramatischer: Die extreme Zunahme von psychischen und psychosomatischen Erkrankungen, Depressionen und Burn-outs ist ein Alarmsignal dafür, dass es vielen Menschen heute nicht mehr gelingt, ihrem inneren Leitfaden zu folgen und gemäß ihren wahren Bedürfnissen zu leben. Trotz Bioernährung, einem tollen Job, netten Kollegen, interessanten Freunden, einem erfolgreichen Partner und einer überdurchschnittlichen Bezahlung stehen sie plötzlich kurz vor dem Zusammenbruch.

Wie Probleme **entstehen**

Die Geschichte von Petra K.

Petra K. ist Lektorin in einem kleinen, aber feinen Verlag im Norden Deutschlands. Sie liebt Bücher und Menschen. Beides kann sie in ihrem Beruf perfekt miteinander kombinieren. Sie liebt aber auch ihren Partner, ihre beiden Kinder und sich selbst. Dies alles unter einen Hut zu bringen ist gar nicht einfach, wie Petra immer wieder feststellt. Und so ist sie den ganzen Tag eingespannt und beschäftigt: mit der Arbeit im Verlag, dem Partner, den Kindern. Nur für sie selbst bleibt keine Zeit übrig. Anfangs tröstet sie sich damit, dass alles besser wird, wenn sie erst einmal richtig etabliert ist in ihrem Job und die Kinder größer sind. Und so vergeht Jahr um Jahr, ohne dass sich etwas ändert, und die Sehnsucht, sich selbst wieder intensiver begegnen zu können, wächst und wächst. Petra gerät aus dem Lot: Ihre Gereiztheit am Arbeitsplatz und innerhalb der Familie steigt proportional zu ihrem Körpergewicht. Nichts macht ihr wirklich noch echte Freude. Da hört sie im Radio von einem Österreicher, der Glücks-Seminare in den Bergen anbietet; sie meldet sich spontan an.

Während der drei Seminartage spürt sie sich selbst so intensiv wie schon seit Jahren nicht mehr, sie erfährt tiefe innere Ruhe und Frieden mit sich selbst. Sie spürt, dass sie sich dieses Gefühl auch nach dem Seminar bewahren möchte. Aber dazu sind Veränderungen in ihrem Leben nötig. Gut eine Woche nach ihrer Heimreise spricht sie mit ihrem Partner und ihrem Vorgesetzten im Verlag. Sie hat einen konkreten Plan: Wie wäre es mit einer Viertagewoche als Lektorin, einem freien Freitag für sich selbst und dem Wochenende für die Familie?

Und zu ihrer großen Überraschung kann jeder in ihrem Umfeld sich ein solches Arrangement gut vorstellen. Seit einem Jahr nimmt sich Petra K. nun fast jeden Freitag Zeit für sich selbst, ist ausgeglichen und zufrieden wie nie zuvor. Jeder, der mit ihr zu tun hat, ihre Verlagskollegen, vor allem aber ihr Partner und ihre Kinder, sind einhellig der Meinung: »Das war das Beste, was du für dich und für uns tun konntest.«

Mit Sicherheit am eigenen Leben vorbeileben

Warum nun lässt sich diese innere Unzufriedenheit, die entsteht, wenn man seine eigenen Bedürfnisse ignoriert, nicht so einfach bewältigen? Warum lassen sich Probleme nicht immer im Handumdrehen aus der Welt schaffen? Warum stellen Schwierigkeiten für die meisten von uns schier unüberwindliche Herausforderungen dar? Aus welchem Grund können sie einen so sehr aus der Bahn werfen? Die Antwort ist einfach, und doch ist es ganz und gar nicht einfach, sie anzunehmen und mit ihr umzugehen: Angesichts eines Problems oder einer Lebenskrise wird man immer mit der Erkenntnis konfrontiert, dass nichts im Leben sicher ist; durch das Auftauchen von Schwierigkeiten werden wir auf äußerst unangenehme Weise aus unserer Komfortzone vertrieben.

Unveränderlichkeit bedeutet Stabilität

Das fühlt sich nun alles andere als gemütlich an; schließlich hat man sich meist über Jahre an einen bestimmten Zustand gewöhnt, der einem durch seine Unveränderbarkeit ein Gefühl von Sicherheit bescherte. Man steht zu einer gewissen Uhrzeit auf, nimmt eine bestimmte Mahlzeit ein, begibt sich an seine Arbeit, dann geht man heim, isst wieder etwas und beendet den Tag vor dem Fernseher. Jeder Mensch hat dabei seinen ganz bestimmten Ablauf, dem er mehr oder weniger streng folgt. Die Macht der Gewohnheit kann im Lauf der Zeit so stark werden, dass einen nichts dazu bringen kann, etwas daran ändern zu wollen – auch wenn es einem damit vielleicht gar nicht so gut geht, einem das Leben gar keine Freude mehr bereitet oder kaum noch Erfüllung schenkt. Und trotzdem macht man einfach immer weiter – bis eines Tages ein Problem auftaucht und alles infrage stellt.

Wie Probleme entstehen

Die Geschichte von Stefan K.

Stefan K., 51 Jahre: »Vor einigen Monaten war ich wegen meines erhöhten Blutdrucks bei meinem Hausarzt. Im Gespräch kamen wir auf meinen Stress zu sprechen, und weil ich schon dabei war, erzählte ich ihm von unseren Geldproblemen: In den letzten 15 Jahren habe ich zweimal meine Anstellung als Vertriebsmanager in der Computerbranche verloren. In meinem jetzigen Job verdiene ich weniger als damals als Berufsanfänger. Das ist aber nicht das einzige Problem. Meine Ehe hängt mittlerweile am seidenen Faden; meine Frau hatte vor drei Jahren Brustkrebs und ist glücklicherweise wieder gesund, aber wir sind nicht mehr sonderlich gerne zusammen. Und dann sind da die Probleme mit unserem fünfzehnjährigen Sohn, der offensichtlich zu viel trinkt. Mein Arzt empfahl mir ein paar Stunden bei einem Psychotherapeuten. Zuerst wehrte ich mich gegen diesen Vorschlag, weil ich ja nicht verrückt bin. Es waren doch nur ein paar Dinge schiefgelaufen in der letzten Zeit. Kein Grund, in Panik zu verfallen.

Doch dann empfahl mir unser Personalleiter, der meine Probleme ansatzweise kannte, einen Therapeuten. Mit dem kam ich gut zurecht, und im Gespräch kamen wir auf die Muster, die man als Grundlage all meiner derzeitigen Probleme ansehen kann. Ich stamme aus einer mittelständischen Unternehmerfamilie, und es war für meinen Vater völlig klar, dass ich nach dem Studium die Geschäfte weiterführe. Also entschied ich mich gegen meinen ursprünglichen Wunsch, nach dem Abi Forstwirtschaft zu studieren. Dabei war das Arbeiten im und für den Wald und für die Natur immer mein Herzenswunsch. Aber ich beugte mich den Erwartungen und Wünschen meines Vaters: Ich studierte also BWL, und es fiel mir relativ leicht, auch wenn es mich nicht sonderlich interessierte. Kurz vor meiner Diplomprüfung ging die Firma meiner Eltern in die Insolvenz. Also suchte ich mein Glück in der Computerbranche und hatte in den ersten zehn Jahren auch viel Erfolg und verdiente viel Geld – wir machten schöne Urlaube, wohnten in einem tollen Haus – alles war (scheinbar) perfekt.

> Dann die erste Arbeitslosigkeit und das Gefühl, dass es langsam, aber sicher bergab ging. Ich kam einfach nicht mehr auf die Füße. Jetzt bin ich dabei, mich neu zu orientieren; nach der Therapie habe ich mich entschieden, mich coachen zu lassen. Ich weiß heute, dass es nicht an meinen Fähigkeiten liegt, dass ich in die Erfolglosigkeit schlitterte. Es war vielmehr die Zielsetzung, die einfach nicht gestimmt hat. Weil ich nicht meinen eigenen Weg gegangen war, sondern die Erwartungen meines Vaters erfüllt und den falschen Beruf gewählt hatte. Jetzt geht es für mich beruflich in Richtung ökologisches Management, und ich habe dazu bereits zwei interessante Angebote. Der Verdienst ist auch nicht besser als in meiner letzten Position, aber jetzt habe ich nicht mehr das Gefühl, dass ich »Schmerzensgeld« für das erhalte, was ich tue. Meine Frau und ich »arbeiten« an unserer Beziehung und bemühen uns um mehr Achtsamkeit. Mit meinem Sohn habe ich regelmäßige »Termine«: Dann gehen wir gemeinsam angeln oder Kanu fahren. Auch ihm geht es schon viel besser. Ich weiß, dass ich jetzt auf einem guten Weg bin, meinem Weg.«

Die Macht der Gewohnheit

Die Macht der Gewohnheit ist nicht zu unterschätzen und im Grunde genommen eine sehr praktische Angelegenheit: Sobald eine Entscheidung ansteht, greift man einfach auf bisherige Erfahrungen oder erlernte Muster zurück. Das gilt gemeinhin als vernünftig, spart Energie und bewahrt die Komfortzone. Mithilfe unseres Verstandes wägen wir die Dinge ab und sortieren sie entsprechend ein. Läuft ein Alltag beispielsweise immer nach einem vertrauten Schema ab, fühlen wir uns am sichersten. Für Kleinkinder hat diese immerwährende Wiederholung durchaus ihre Berechtigung und erfüllt auch ihren Zweck, damit ein Kind in einer noch unübersichtlichen Welt Selbstbewusstsein entwickeln kann. Kindern geben immer wiederkehrende Rituale wie feste Schlafens- oder Essenszeiten und andere Gewohnheiten einen wichtigen Halt.

Haltgeber oder Blockade?
Auch für einen Erwachsenen sind Gewohnheiten durchaus wichtig, da sie gewisse Abläufe ökonomisieren. Allerdings ergibt sich aus einem Mangel an Flexibilität das Risiko, in traditionellen Denkweisen verhaftet zu bleiben, ganz gleich ob diese unsere Weiterentwicklung blockieren oder zu einer Problemlösung beitragen – oder auch nicht. Der Wille und die Fähigkeit, Veränderung zu akzeptieren und bewusst vorzunehmen, schlafen ein. Man lernt nicht, mit neuen Situationen umzugehen und an ihnen zu wachsen. Und man verzichtet, ohne sich dessen bewusst zu sein, auf eine Vielzahl von Möglichkeiten.

Wenn Gewohnheiten fesseln
Einmal ausgetretene Wege werden nur ungern verlassen. Angesichts einer Entscheidung oder in einer kritischen Situation nicht nur auf seinen Kopf, sondern auch auf seine innere Stimme zu hören ist verpönt. So verlernt man, sein Leben in die eigene Hand zu nehmen. Man ist nicht mehr Herr oder Frau der Lage, obwohl gerade in diesem Moment eine gewisse Wendigkeit erforderlich wäre.

Tatsächlich ist der Mensch ein Gewohnheitstier und neigt dazu, sich selbst gedanklich und seelisch so einzuengen, dass – wenn sich ein unangenehmes Lebensgefühl breitmacht oder ein Problem auftaucht – der eigene Handlungsspielraum noch kleiner wird. Aus unseren seit der Kindheit gemachten Erfahrungen entstehen im Lauf der Zeit feste Denkmuster, die sich nur schwer auflösen lassen.

Ohne Hilfe ist man oft unfähig, neue tragfähige Gedanken und Lösungen zu entwickeln. Kaum überlegt man, einen neuen Pfad

Gewohnheiten loslassen

Gewohnheiten sind wie tief eingegrabene Pfade, die sich durch unser Leben ziehen. Bevor wir überhaupt daran denken, einmal eine andere Abzweigung zu nehmen, weil ja auch hier etwas Interessantes am Wegesrand zu finden sein könnte, stehen wir schon wieder in der Spur. Sie können üben, spielerisch Ihre Gewohnheiten loszulassen. Das wird Ihnen dabei helfen, Ihre Autonomie wiederzufinden, und Ihnen das Gefühl geben, dass Sie es sind, der über sein Leben bestimmt, und niemand anderes.

Fangen Sie mit etwas Einfachem an: Setzen Sie sich in einen Park auf eine Bank, auf der Sie noch nie gesessen haben, und nehmen Sie Ihre Umgebung wahr. Entdecken Sie neue An- und Ausblicke. Oder nehmen Sie beim Spazierengehen, auf dem Weg zum Einkaufen, zum Arzt oder zur Arbeit einmal einen neuen Weg.
Und üben Sie dann in der Praxis: Sie sind gestresst, weil Ihnen Ihr Chef zu viel Arbeit aufgebürdet hat und Sie erschöpft sind. Wie reagieren Sie normalerweise in einer solchen Situation? Sind Sie gereizt? Fauchen Sie den nächstbesten Umstehenden an? Atmen Sie hektisch? Durchbrechen Sie Ihr übliches Reaktionsmuster. Atmen Sie bewusster und ruhiger. Lächeln Sie. Lassen Sie alles so liegen, wie es ist. Wie es ist, ist es gut. Verlassen Sie für ein paar Minuten den Raum und gehen Sie ein paar Schritte.
Beobachten Sie, wie Sie sich nun fühlen. Nehmen Sie die positiven Veränderungen in Ihrem Inneren wahr.

zu beschreiben, stellt sich Angst ein. Angst vor dem Unbekannten, vor dem unsicheren Terrain und vor eventuellen negativen Folgen. Man sucht nach Ausflüchten: Der jetzige Job ist doch genauso gut wie jeder andere; eine Festanstellung bietet mehr Sicherheit; lieber unzufrieden zu zweit als ganz allein; lieber länger schlafen, als für irgendwelche Übungen eine halbe Stunde früher aufzustehen. Tatsächlich ist es bequemer, das Wagnis, das mit einer noch so kleinen Veränderung einhergeht, zu vermeiden – egal, ob das damit verbundene Leben dann mit den eigenen Bedürfnissen übereinstimmt oder nicht.

Erst wenn man den Mut aufgebracht hat, einen neuen Pfad zu beschreiten, indem man beispielsweise Beruf oder Arbeitsstelle wechselt, sich selbstständig macht oder seinen Partner verlässt, oder sich dafür entscheidet, den Tag regelmäßig mit Qi-Gong-Übungen oder einer Meditation zu beginnen, anstatt ins Bad zu hetzen und von dort mit einem »Coffee to go« zum Bus – erst dann erfährt man, wie gut dieser neue Weg tut. Wie sich nach und nach Ruhe und Gelassenheit, Leichtigkeit und Fröhlichkeit, Zufriedenheit und tiefes Glück einstellen.

Wie sagte schon Albert Einstein: »Die reinste Form des Wahnsinns ist es, alles beim Alten zu lassen und gleichzeitig zu hoffen, dass sich etwas (zum Guten) ändert.«

Wie Leben unglücklich macht

Die Gründe für die Entstehung von innerer Unzufriedenheit sind also sehr vielfältig und hängen damit zusammen, ob unser Lebensentwurf wirklich authentisch ist und wir ihn so leben können, dass er uns erfüllt und uns glücklich macht.

Und das hängt wiederum besonders davon ab, ob wir unseren eigenen Weg gehen oder einen, den jemand anderes, die Eltern, der Partner oder die Umwelt, für uns ausgesucht oder uns aufgedrängt hat. Wenn das der Fall ist, stellt sich das Gegenteil von Erfüllung und Glück ein, nämlich Unbehagen, Frustration, innere Leere und ein Gefühl des Unglücklichseins.

PROBLEME SIND NOTWENDIG

Unglücklich wird man, wenn
- man nicht das lebt, was den eigenen Bedürfnissen und Wünschen wirklich entspricht;
- man etwas lebt, was einem andere vorschreiben, und man seine Handlungsfähigkeit und Eigenverantwortlichkeit an andere abgibt;
- man sich falsche oder unpassende Lebensziele setzt;
- man den Sinn seines Lebens mit falschen Inhalten füllt und dann große Enttäuschung fühlt, weil einem dieses Leben keine Erfüllung bringt.

Von falschen Zielen und Mustern

Auch ich bin lange einem Ziel nachgelaufen, das nicht wirklich mein eigenes war. Schon von Kindesbeinen an war ich darauf gepolt, dass ein sinnvolles Leben unbedingt etwas mit Geldverdienen zu tun haben muss. Das ging sogar so weit, dass ich von meiner Großmutter lernte, dass der Wert eines Menschen von dem abhängt, was er besitzt oder leistet: Je mehr ein Mensch leistet, je mehr Besitztümer er anhäuft, desto sinnvoller und erfüllter ist sein Leben, desto anerkannter ist er in der Gesellschaft – so mein damaliges Weltbild. Dieses Muster lebte ich lange Zeit und entfremdete mich dabei unmerklich von meinem wahren Antrieb und meiner echten Bestimmung. Ich hatte zwar mein Geld- und mein Erfolgskonto ständig im Blick und arbeitete hart, fühlte aber trotzdem eine unbegreifliche Leere. Tief in meinem Inneren gab es ein Gefühl, das mir sagen wollte, dass es außer Erfolg in der Arbeit und im Sport auch noch etwas anderes im Leben geben muss. Aber ich unterdrückte diese Stimme. Es fehlte mir, vereinfacht gesagt, an Selbst-Bewusstsein, also an einem Bewusstsein für meine wahren Bedürfnisse, für mein wahres Leben.

Wie Probleme **entstehen**

Heute weiß ich: Das Leben ist wunderschön. Menschsein heißt einfach Sein. Und wenn ich in meiner Mitte bin, dann ergibt sich mein sinnvolles Tun ganz automatisch. Dafür bin ich unendlich dankbar.

So klinken Sie sich aus der Bedürfnisspirale aus

Im traditionellen asiatischen Denken kennt man keine Maslow'sche Bedürfnispyramide. Sowohl im Buddhismus als auch in anderen fernöstlichen Philosophien und Religionen wird das Thema Leben ganz anders betrachtet. Auch viele Menschen im Westen, die ihren spirituellen Weg gefunden haben, haben einen anderen Blickwinkel. Betrachten wir deshalb die menschlichen Bedürfnisse einmal aus einer anderen Perspektive.

So kann schon der bewusste Verzicht auf Ablenkung zu einer spirituellen Weiterentwicklung führen. Nehmen wir zum Beispiel das

Ein Gedanke: Zeit ist mehr als Geld

Während Geld eine Ressource darstellt, die sich jederzeit erzeugen lässt, ist Lebenszeit eine Ressource, die kontinuierlich weniger wird und nicht mehr zurückkehrt. Was nützen einem wohlgefüllte Konten auf der Bank, ein Haus, ein Pool, ein Pferd und eine Jacht, wenn man eines Tages damit konfrontiert wird, dass einem vor lauter Tun und Arbeiten die Zeit fehlt, sein wahres Leben zu leben und zu genießen? Schenken Sie anderen Energieformen mindestens dieselbe wenn nicht mehr Aufmerksamkeit, nämlich Lebensfreude, Lebenszeit, Liebe, Freiheit …!

Ein Gedanke: Leben im Einklang mit mir

Wenn ich in die Natur gehe, auf einem Berggipfel oder an einem Bach sitze und mir dabei das Herz übergeht, dann spüre ich eine tiefe Verbundenheit zum großen Ganzen und zu mir selbst. Dann weiß ich, dass ich weniger über mein Leben nachdenken, sondern einfach mehr leben will. Wenn ich feststelle: »Hier an diesem Ort zu sein, das tut mir gut«, dann denke ich einfach weiter und sage mir: »Ah, das hätte ich gerne öfter.« Und dann gönne ich mir öfter diese Zeit für mich selbst, nehme vielleicht noch einen geliebten Menschen mit und teile mit ihm oder ihr das, was mein Herz erfüllt.

Umgekehrt halte ich es mit allem, was mir nicht guttut. Ich tue immer seltener Dinge, die mich belasten, habe meinen Fernseher entsorgt, weil ich die Dauerberieselung mit Bildern und Nachrichten nicht mehr länger ertragen wollte. Auch halte ich keinen Kontakt mehr zu Menschen, die mir nicht guttun und mit denen ich keine Übereinstimmung empfinde.

Damit ist jeder meiner Tage neu, lebendig und spannend. Dafür, dass ich den Mut zu einem solchen Leben gefunden habe und auch die Energie hatte, es zu verwirklichen, dafür bin ich unendlich dankbar.

Essen. Viele Menschen fasten ein- oder auch mehrmals im Jahr. Die einen tun dies aus körperlichen Gründen, um ihren Stoffwechsel zu entlasten oder abzunehmen; andere haben eine spirituelle Motivation und wollen sich eine Zeit lang nicht mehr durch Essen ablenken lassen. Vielleicht haben Sie es selbst schon einmal ausprobiert und haben die positiven Wirkungen schon selbst feststellen können.

Wenn nicht, möchten Sie die Erfahrung vielleicht einmal machen und ausprobieren, ob das ein Teil Ihres eigenen Weges sein kann und Ihnen neue Horizonte eröffnet.

Verzicht bringt innere Klarheit

Nach zwei oder drei Tagen des Hungerns beginnt eine sehr starke, lang anhaltende energetische Phase. Man erhält eine große Ausdauer und kommt in einen Zustand geistiger Klarheit. Denn der Körper ist nicht mehr beschäftigt mit Essen und Verdauen. Viele Menschen, die künstlerisch oder geistig arbeiten, machen sich die Gewohnheit des Morgenfastens zu eigen und trinken nach dem Aufstehen nur ein Glas Wasser, anstatt zu frühstücken. Sie schreiben konzentrierter und fokussierter mit nüchternem Magen, weil ihr kreatives Potenzial besser funktioniert. Wenn Sie hingegen morgens stark kohlehydrathaltige Nahrung wie Brot oder Müsli zu sich nehmen, lähmen Sie Ihren klaren Geist, da Ihre Energie für den Verdauungsprozess eingesetzt werden muss. Sie schläfern sich gewissermaßen ein und sind nicht mehr hellwach.

Verzicht bezieht sich natürlich nicht immer nur auf die eigentlichen Mahlzeiten. Man kann auch auf andere Müdemacher und Kreativitätshemmer verzichten, die wir nicht selten mit dringenden Bedürfnissen verwechseln. Denken wir an die tägliche Tafel Schokolade und Tüte Chips, die regelmäßige Flasche Bier oder das Glas Wein zum Feierabend, ständiges Fernsehen oder den dauerhaften Aufenthalt in virtuellen Chatrooms oder sozialen Netzwerken. Auch Sozialbedürfnisse können überbefriedigt werden. Der ständige Kontakt und Austausch mit anderen kann lähmen und ablenken, er zieht Energien ab und verhindert, dass man im Alltag und auf seinem Lebensweg wirklich weiterkommt.

Dabei hat diese Form des Verzichts nichts mit Askese zu tun. Sie entledigen sich damit vielmehr bestimmter Überflüssigkeiten, die Ihnen Ihr Bewusstsein vom Leben im Hier und Jetzt vernebeln.

Durch solches Fasten oder Verzichten verabschieden Sie sich von der Oberflächlichkeit und gehen in die Klarheit. Sie leben künftig bewusster, fühlen sich weniger abgelenkt durch das ständige Geschnatter des Alltags und sind endlich in der Lage, sich auf das Wesentliche zu konzentrieren.

Die Geschichte von Sandra S.

Sandra S. ist erst 30, als ihr die Leitung eines kleinen Designhotels übertragen wird. Diesen Umstand hat sie nicht nur ihrer sehr umfangreichen Ausbildung zu verdanken, sondern vor allem der Tatsache, dass sie einfach eine geborene Teamleaderin und hervorragende Organisatorin ist. Ihr Führungsstil ist sehr kollegial, sie ist bei ihren Mitarbeitern und bei den Hotelgästen äußerst beliebt. Für jeden hat sie ein offenes Ohr, kein Problem ist zu klein oder zu groß, um nicht von ihr gelöst zu werden. Selten sind ihre Arbeitstage kürzer als 15 Stunden, 8 bis 23 Uhr ist meist die Regel. Und das an sieben Tagen in der Woche. Für Sandra S. ist das Hotel ihr eigentliches Zuhause. Sie empfindet ihre Mitarbeiter und Gäste als ihre Familie und ihre Freunde. Wenn sie kurz vor Mitternacht in ihre Wohnung kommt, schaltet sie als Allererstes den Fernseher ein. Denn der verspricht ein wenig Entspannung, lässt die unerledigten Dinge des vergangenen Tages und die bevorstehenden Aufgaben des nächsten Tages ein wenig in den Hintergrund treten. Eine Stunde später ist sie eingeschlafen, aber nicht für lange. Spätestens gegen 4 Uhr früh dreht sich das Gedankenkarussell in ihrem Kopf wieder, und sie beginnt, die Abläufe des nächsten Tages zu planen.
So geht es Tag für Tag. Wenn einmal Kopfschmerzen die gewohnte Leistungsfähigkeit stören, werden sie mittels Schmerztabletten mehr oder weniger rasch abgestellt. Und wenn sich Sandras Körper mit Müdigkeit oder Erschöp-

fung meldet, helfen starker Kaffee und Selbstdisziplin. Zwei Jahre später kippt sie einfach aus den Latschen, Diagnose: Burn-out.
Was Sandras Fall so spannend macht, ist die Tatsache, dass ihr großes Engagement nicht durch Geldgier oder Karrierebesessenheit motiviert war. Sie hatte sich die viele Arbeit vielmehr bewusst und unbewusst aufgeladen, um sich von ihren eigenen Themen abzulenken, um nicht allzu viel Zeit mit sich allein verbringen zu müssen. Denn mit sich selbst und ihrem Leben konnte sie im Grunde ihres Herzens nicht viel anfangen. All dies erfuhr ich von ihr in unserer ersten Coachingsitzung. Es gelang uns sehr rasch, ihre alten Muster aus der Kindheit aufzulösen, sie mit einigen Themen aus ihrer Vergangenheit zu versöhnen und ihre ursprüngliche Lebensfreude wieder zu wecken. All dies gab ihr den Mut für eine neue, selbst gestaltete Zukunft.
Heute lebt Sandra S. auf Mallorca, betreibt dort mit ihrem Freund eine Eisdiele und eine Eventagentur, in der sie all ihre Talente voll ausleben kann. Ihre Freizeit, die sie sich jetzt regelmäßig gönnt und aus vollem Herzen genießt, verbringt sie allein oder zu zweit; am liebsten geht sie zum Wandern in die Berge, faulenzt am Meer oder schwebt mit ihrem bunten Gleitschirm am Himmel.

Spiritualität als Grundbedürfnis anerkennen

Und wenn man die Maslow'sche Bedürfnispyramide einfach auf den Kopf stellen würde? Warum sollten wir auch bei den Bedürfnissen nicht mit dem wirklich Wichtigsten anfangen? Mit dem anfangen, was uns Glück, Zufriedenheit, Lebensfreude und Lebenssinn beschert? Für mich persönlich sind zwei Bereiche von besonderer Bedeutung: Spiritualität und eine Form der Selbstverwirklichung, bei der man in sich ruht. Mit Spiritualität meine ich nicht Religion oder Glauben, sondern den Bereich meines Menschseins, der über meinen Körper und meinen Intellekt hinausgeht. Gern verwende ich hier zur Beschreibung die buddhistische Metapher, dass ich als Mensch gleichzeitig Wassertropfen, Welle und Ozean bin. Und genau diese Vorstellung beschreibt mein Verständnis von Spiritualität sehr gut.

Wenn man die Bereiche in sein Leben integriert, die wirklich zufrieden und glücklich machen, kann man auf viele andere Bedürfnisse leicht verzichten. Man kommt dann mit erstaunlich wenig aus. Wie viele großartige Menschen gibt es, die Anerkennung verdienen, diese aber gar nicht brauchen? Wie viele Menschen gibt es, die äußerst sozialverträglich sind und (vermutlich auch deshalb) hervorragend mit sich allein auskommen? Wie viele gibt es, die materiell kaum Sicherheit haben und ihre Sicherheit in sich selbst tragen? Die ihre Grundbedürfnisse mit einem Minimum abdecken können?

Das Gefühl innerer Leere wird nicht durch einen leeren Magen ausgelöst, sondern weil Herz und Seele leer sind. Damit bin ich dort, wo ich hinmöchte: die Pyramide auf den Kopf zu stellen. Das tun viele Menschen, die auf ihrem spirituellen Weg sind. Dazu muss man nicht völlig weltfremd oder ein Bettelmönch sein, man muss nicht sein Hab und Gut einem sozialen Zweck zur Verfügung stellen, und man muss auch nicht in ein Zen-Kloster ziehen oder verhungern. Man kann all dies auch in seinem Alltag umsetzen, indem man den unteren, breiteren Bereichen dieser Pyramide einfach mehr Aufmerksamkeit, Zeit und Energie widmet als den oberen.

Um Ihnen zu verdeutlichen, was ich meine, habe ich meine ganz eigene Bedürfnispyramide entworfen. Die breite Basis, auf die ich mich persönlich ganz besonders konzentriere, sind Selbstverwirklichung und Spiritualität. Je besser mir das gelingt, desto weniger muss ich den Fokus auf die oberen Teile der Pyramide legen. Denn: Je mehr ich in mir ruhe, desto unwichtiger werden alle anderen Bedürfnisse und deren Befriedigung.

Wie Probleme **entstehen**

Energiepyramide für ein glückliches Leben nach Karl Rabeder

Protokoll

Die Geschichte von Michael S.

Michael S., ein handwerklich extrem geschickter Mittvierziger, der auf Wunsch seines Vaters Jura studiert und danach viele Jahre lang in einer großen deutschen Bank sitzt und … ja, was macht er dort eigentlich? Das fragt er sich selbst auch immer öfter.
Seine Vorgesetzten hätten gesagt: Er leitet die Rechtsabteilung, führt einen Stab von Mitarbeitern, ist ein echter Vorzeigemanager.
Er selbst jedoch kommt immer öfter zur Überzeugung, dass er jeden Tag nur darauf wartet, bis es endlich Zeit zum Heimgehen ist. Denn daheim, da wartet im Anbau seines Hauses das, was ihn wirklich begeistert: eine voll eingerichtete Schreinerwerkstätte, in der er moderne, von ihm selbst entworfene Vollholzmöbel herstellt. Die Leidenschaft zum Schreinern hat er vermutlich von seinem Großvater übernommen, mit dem er in seiner Kindheit viele Stunden in dessen Einmann-Schreinerbetrieb verbrachte. Michael

S. liebt den Geruch von Holz, die herrlich weiche und doch nicht künstlich glatte Oberfläche seiner Möbel und die wundervolle Maserung, die bei jedem Stück Holz anders ist. Allerdings hört er als Kind von seinem Vater mehr als tausend Mal, dass man von so einem Beruf nicht leben könne, dass es viel besser sei, etwas »Gescheites« zu studieren und dann einen sicheren Job anzunehmen, als Beamter oder bei einer Bank oder Versicherung. Michael S. fühlt sich von seinem Vater in einen Beruf gedrängt, der ihn ganz und gar nicht erfüllt. Innerlich gibt er seinem Vater die Schuld für sein »verpfuschtes« Leben. Und dies wiederum trübt das Verhältnis der beiden zueinander sehr, worunter beide leiden.

Während eines Wochenendseminars gelingt es uns, einige von Michaels »Knoten« aufzulösen: Erst als er sich klarmacht, dass sein Vater eigentlich nur das Beste für ihn wollte, nämlich ein leichteres Leben als das des Großvaters, kann sich Michael innerlich mit seinem Vater versöhnen. Und das gibt ihm die innere Freiheit, den Beruf zu ergreifen, der seiner Berufung entspricht. Seit zwei Jahren ist Michael S. mit seinen Vollholzmöbeln als selbstständiger Designer und Schreiner erfolgreich, lebt in Berlin in einem kleinen Loft über seiner Werkstatt und strahlt jeden Tag übers ganze Gesicht. Dieses Strahlen hängt nicht nur damit zusammen, dass er jetzt endlich in seinem Traumberuf arbeitet, sondern auch mit seiner neuen Lebensgefährtin, die er in der lokalen Künstlerszene kennengelernt hat und mit der ihn vieles verbindet.

Selbst-Bewusstsein leben

Wenn mein Herz und meine Seele erfüllt sind, dann ist es mir nicht mehr so wichtig, was ich in meinen Magen bekomme. Dann brauche ich keine Dreisternemenüs, keine Extrawürste und keine Delikatessen. Dann kann ein einfaches Nudelgericht oder ein gutes Bauernbrot mit Butter der höchste Genuss sein oder mich einfach für den Moment nur sättigen.

Wie Probleme **entsteht**

Wenn mir das Herz übergeht, weil ich bei mir und im Hier und Jetzt angekommen bin, dann ist mir das ganze Drumherum gleichgültig. Ich habe dieses Gefühl erstmals auf einer Namibia-Reise erlebt. Es war mir komplett egal, wie und wo ich gewohnt habe oder was ich gegessen habe. Mein Herz war einfach von Freude erfüllt, nicht nur wegen der wundervollen Weite der Landschaft, der Wärme und Klarheit der Wüste, sondern auch wegen meines eigenen Seins im Hier und Jetzt. Und so geht es mir in meinem Leben immer öfter. Wenn man auf diese Weise überglücklich ist, ist alles andere Nebensache. Dann bekommt das Leben eine Einfachheit, die ich so liebe.

Wir im Westen neigen dazu, unseren Alltag wahnsinnig zu verkomplizieren. Dazu kommt das Überangebot an allem Materiellen, das wir brav konsumieren sollen – alles fein gesteuert von Industrie und Werbung. Dabei geht es letztlich im Leben doch nicht darum, was man alles tun oder haben könnte. Es geht darum, was man wirklich will, was einem die wichtigsten Werte sind und wie man diese leben will.

Lernen, was das Herz erfüllt

Maslow ging davon aus, dass jede menschliche Verhaltensweise von den Grundbedürfnissen beeinflusst wird. Kommt eines der unteren Bedürfnisse oder einer der Antriebe zu kurz, gerät alles aus dem Gleichgewicht, und die Pyramide bricht ein: Hunger beispielsweise erzeugt nicht nur Magenknurren, sondern macht auch gereizt und müde. Ein Mangel an finanzieller Sicherheit macht ängstlich. Ein Mangel an sozialer Anerkennung durch andere Menschen macht verzagt und schüchtern.

Doch in gewissem Maße sind die Mangelerscheinungen auf den höheren Ebenen ebenso wichtig, in den Bereichen Selbstverwirklichung und Spiritualität. Dort stellt sich eine Leere ein, die sich rasch zu einer starken emotionalen Not auswachsen kann.

Ich erlebte eine solche emotionale Not, die sich in großer innerer Leere manifestierte, im Anschluss an einen Traumurlaub auf Hawaii. Mit diesen Luxusferien wollten meine damalige Frau und ich uns für unser unermüdliches Schaffen belohnen. Schließlich hatten wir in wenigen Jahren ein enorm erfolgreiches Unternehmen auf die Beine gestellt, das immer weiter wuchs. Wir bewohnten eine Luxusvilla im heimischen Österreich, ich besaß ein eigenes Segelflugzeug, mit dem ich neue Rekorde anpeilen konnte, und nun wollten wir so verreisen, wie es arbeitsamen Millionären gebührt: mit Fünfsternehotels, Jachtausflügen, Gourmetmenüs, Hubschrauberflügen und affektiert aufmerksamem Hotelpersonal.

Um es kurz zu machen: Der Urlaub war das reinste Fiasko. Wir empfanden in dem Hochglanzmilieu, in den glatten Oberflächen und Fassaden keinen Moment lang echte Freude und waren froh, als wir nach drei Wochen wieder zurück im heimischen Tirol waren. Um uns von unserer Reise zu »erholen«, machten wir ein paar Tage später eine Winterwanderung auf eine Berghütte. Hier an einem einfachen Holztisch, etwas verschwitzt von der Anstrengung, mit einer Apfelschorle vor uns, hatten wir wieder das Gefühl, im wahren Leben angekommen zu sein.

Mich versetzte dieses »Urlaubs«-Erlebnis jedoch in große emotionale Not. Sie sollte mit der Zeit solche Ausmaße annehmen, dass ich mein Leben von Grund auf änderte. Ich hatte auf eindringliche Weise erfahren, dass ich mir für alles Geld der Welt keine Zufriedenheit und auch kein Glück kaufen konnte. Nach den Erfahrungen dieser Luxusreise war das Saatkorn gelegt: Ich wollte mich von meinen materiellen Reichtümern trennen, um so endlich auf meinen Weg zu kommen.

Wie Probleme **entstehen**

Die Geschichte von Klaus F.

Klaus F., 52 Jahre: »Ich bin der klassische Erfolgstyp, immer schon gewesen. Vielleicht kommt das daher, dass ich aus sogenannten »kleinen« Verhältnissen stamme. Meine Mutter ging putzen, damit sie mir helfen konnte, mein Jurastudium zu finanzieren. Während des Studiums heiratete ich eine Kommilitonin, und wir bekamen einen Sohn. Nach Abschluss des Studiums hatte ich gleich eine sehr gut dotierte Stelle bei einer Unternehmensberatung. Es ging mir erstmals richtig gut. Ich kaufte uns eine kleine Wohnung. Dann kam ein besseres Stellenangebot, und ich zog in eine andere Stadt. Meine Frau blieb mit unserem Kind in unserer Wohnung, da sie ihr vertrautes Umfeld nicht verlassen wollte. Also führten wir eine Wochenendehe, aus der irgendwann eine Ein-Wochenende-im-Monat-Ehe wurde. Denn ich musste sehr viel arbeiten und war oft auch am Wochenende im Büro oder mit Kunden bei Geschäftsessen. Eines Abends lernte ich A. kennen. Sie war wunderschön, und wir verliebten uns sofort. Ich verließ meine Familie und heiratete sie. A. kam aus sehr gutem Haus und war einen gehobenen Lebensstil gewohnt. Ich versuchte, ihr diesen zu ermöglichen, und noch darüber hinaus. Wir kauften ein altes Pfarrhaus aus dem 16. Jahrhundert mit fünf Hektar Grund, renovierten es und richteten es mit alten Stilmöbeln ein. Unsere erste Tochter wurde geboren. Wir waren glücklich. Ich arbeitete weiterhin hart, nahm mir aber immer Zeit für meine geliebte Frau und die Kleine. Als wir berufsbedingt wieder umziehen mussten, suchte ich uns ein wunderschönes großes Haus im Grünen, direkt an einem See gelegen. Da A. nicht zur Miete wohnen wollte, kaufte ich dieses Haus und nahm einen entsprechend hohen Kredit bei der Bank auf. Unser zweites Kind wurde geboren. Wir brauchten ein größeres Familienauto. Ich arbeitete wie ein Besessener. A. wünschte sich ein Ferienhaus in Italien, das sie ebenfalls restaurieren wollte; zugleich überlegte sie, ob sie eine Boutique eröffnen solle, da sie sich nicht ausgefüllt fühlte. In dieser Zeit, vielleicht auch schon vorher, fing es mit den Schlafstörungen an. Ich

PROBLEME SIND NOTWENDIG

hatte es mir zur Regel gemacht, möglichst bis 21 Uhr zu Hause zu sein. Dann ging ich mit A. essen oder kochte uns etwas. Wenn sie dann gegen 23 Uhr zu Bett ging, setzte ich mich noch zwei bis drei Stunden an den Schreibtisch. Dann schlief ich meist zwei Stunden, um völlig gerädert aufzuwachen. Wenn es mir gelang, noch mal einzuschlafen, riss mich der Wecker um 6 Uhr wieder aus dem Schlaf. Ich ging jeden Morgen mit bleiernen Gliedern zu meinem Auto, holte mir an einer Tankstelle zwei Dosen Bier, putzte mir im Büro die Zähne und ging einigermaßen aufgeräumt in die erste Besprechung. Mittags gab es dann das nächste Bier und so weiter. Abends war ich entsprechend bedient und schlief oft schon beim Essen ein. Unsere Beziehung litt, meine Gesundheit auch: Mittlerweile hatte ich ein chronisches Reizdarmsyndrom entwickelt, das ich »selbst« mit irgendwelchen Medikamenten behandelte, da ich keine Zeit hatte, einen Arzt aufzusuchen. Die Anforderungen im Job wurden anspruchsvoller: Ich wurde in den Vorstand befördert. Das hieß noch mehr Reisen, noch mehr Abwesenheit von zu Hause. Eines Tages kam ich heim und fand nur einen Zettel von A. vor: Sie sei mit den Kindern zu ihren Eltern gezogen.

Nach einem Jahr ließen wir uns scheiden. Ich verkaufte unsere Häuser, die alle hoch verschuldet waren, und blieb auf den Vorfälligkeitszinsen sitzen. Den Kontakt zu meinen Töchtern verbot mir A. Ich habe seither keines meiner Kinder wiedergesehen. Als ich vor meiner Stadtwohnung mit einem Herzinfarkt zusammenbrach, fanden mich Nachbarn. Im Krankenhaus kam ich langsam wieder zu mir. In der Reha hatte ich einen Psychotherapeuten, der mir half, wieder auf meine »Herzensqualitäten« zu achten. Ich entschied mich für ein Sabbatical, das mir die Firma gewährte. Nach einem halben Jahr bat ich um die Vertragsauflösung. Ich arbeite nun in einer kleinen Anwaltskanzlei und wohne in einer ganz guten Mietwohnung mit Blick auf einen Park. Mit meinem Sohn aus erster Ehe habe ich wieder Kontakt aufgenommen, und wir sehen uns gelegentlich. Ich hoffe, auch mit A. und den Kleinen wieder in Kontakt zu kommen. Aber das braucht wahrscheinlich noch etwas Zeit. Mir geht es heute besser: In der Reha habe ich mich auch mit Entspannungs- und Meditationstechniken befasst. Am meisten Spaß macht mir jedoch das regelmäßige Laufen im Grünen. Dabei kann ich völlig abschalten und bin auch wieder bei mir.

WER PROBLEME HAT, HAT MEHR VOM LEBEN

Ich selbst bin – nicht nur weil ich das Fliegen liebe – eher ein Schönwetterpilot, also einer, der lieber auf die positiven Seiten des Lebens schaut und es gern leicht hat. Gerade deshalb habe ich mit der Zeit gelernt, dass ich gelegentlich Probleme brauche, um lernfähig zu bleiben, mich weiterzuentwickeln und die Chancen zu erkennen, die jenseits meines eigenen Tellerrandes liegen.

Was ich auch gelernt habe ist, dass es wenig Zweck hat, einen Plan für das eigene Leben zu entwerfen und dann brav oder stur wie ein Esel diesem Plan zu folgen. Denn meistens kommt es anders, als man denkt. Immer wieder passieren ungeplante Dinge, gibt es Überraschungen, gute wie böse, und unerwartete Ereignisse und Entwicklungen. Das Leben ist eben kein langer ruhiger Fluss, der stets gleichmäßig in eine Richtung fließt. Und auch John Lennon hat mal eine Definition gefunden, die mehr als ein Körnchen Wahrheit enthält: »Leben ist das, was passiert, während du dabei bist, andere Pläne zu schmieden!«

Leben geschieht nicht einfach zufällig

Entwicklungen, die zu Problemen oder Krisen werden können, bahnen sich oft schon einige Zeit vorher an. Vielleicht findet man eines Tages keine Antwort mehr auf die Frage, warum man eigentlich morgens aufsteht und dieser oder jener Beschäftigung, diesem oder jenem Beruf nachgeht. Warum man Frühstück macht, den Kindern Pausenbrote schmiert und dann ins Büro hetzt, um sich am Feierabend um Hausaufgaben und Haushalt zu kümmern. Oder warum man morgens im Bad einen zu heißen Kaffee in sich hineinschüt-

PROBLEME SIND NOTWENDIG

tet, hastig ins Auto steigt, sich durch den Stau quält, gestresst am Flughafen ankommt, um anschließend neben anderen Gestressten in seinen Laptop zu hacken. Warum man morgens das Gefühl hat, Blei in den Gliedern zu haben, dann zur Bushaltestelle läuft, um im Büro Tür an Tür mit Menschen zu arbeiten, die man nicht mag, und sich mit Projekten abquält, die einen langweilen, um dann abends neben dem Partner wortlos vor dem Fernseher zu sitzen. Es gibt viele weitere Beispiele für solche von sich selbst entfremdete Tagesabläufe. Und nichts belastet einen Menschen mehr. Doch hier zeigt sich der zentrale Kern unseres Themas:

Die meisten Probleme sind »hausgemacht« und unmittelbare Folgen des von uns selbst gewählten Lebensstils und Alltags. Und es bringt nichts, einen Schuldigen zu suchen oder die eigene Unzufriedenheit auf »die Verhältnisse« zu schieben. Deshalb sollten wir uns beim Auftauchen eines Problems drei Fragen stellen, die für dessen Lösung von großer Bedeutung sind.

Die drei Grundfragen zur Problemlösung

Die folgenden drei Fragen sollten Sie sich stellen, sobald in Ihrem Leben ein Problem auftaucht:

- Was will mir mein Problem sagen, was ist die zentrale Botschaft dahinter?
- Welche Lösungen gibt es, und was möchte ich wirklich?
- Wie komme ich wieder in einen Zustand, in dem es mir gut geht?

Wer Probleme hat, **hat mehr vom Leben**

Flug ins Blaue

Als Segelflieger, dessen Lieblingselement die Luft ist, lernte ich früh, dass man während eines Fluges nicht unbedingt absehen kann, ob man tatsächlich an seinem gewünschten Ziel ankommt oder nicht. Vielleicht findet man einmal keinen Aufwind und muss auf einer Wiese landen. Wenn man in diesem Augenblick ruhig bleibt und seinen eigenen Fähigkeiten vertraut, dann ist dies der erste Schritt zur Handlungsfreiheit. Dann muss man keine Angst mehr vor dem haben, was vor einem liegt – auch wenn die Situation problematisch erscheint. Diese Erfahrung lässt sich auf alle Lebensbereiche übertragen. Sobald Sie sich auch auf eine Situation einlassen können, deren Ausgang im Moment noch nicht absehbar ist – der Verlust des Arbeitsplatzes oder ein Rückschritt in der Karriere, der Abschied von einem geliebten Menschen, einer Wunschvorstellung für das eigene Leben oder finanzieller Sicherheit –, dann hilft Ihnen bereits das Bewusstsein, dass Sie allein es in der Hand haben, diese Situation zu einem guten Ende zu bringen.

Übernehmen Sie die Verantwortung

Wie das im Einzelnen funktionieren kann, werde ich in den nächsten Kapiteln aufzeigen. Zunächst geht es aber darum zu erkennen, dass diese Fähigkeit, sein Leben selbst in der Hand zu haben, nicht mit besonderen Talenten zu tun hat, geschweige denn mit der Vererbung besonderer innerer Stärken.

Es geht vielmehr um die Einsicht, dass in einer problematischen Situation kein anderer Mensch dafür zuständig oder verantwortlich ist, dass es einem schlecht geht – auch wenn es so viel einfacher scheint, diese Verantwortung abzugeben. Es sind also weder Ihr Chef noch Ihre Kollegen, Ihr Partner oder Ihre Eltern, die »schuld« an Ihrer aktuellen Situation sind. Auch sind diese Menschen nicht dafür zuständig, Sie wieder ins Lot zu bringen. Das können nur Sie selbst. Verantwortung abzugeben bringt Sie hier nicht weiter.

Angesichts eines Problems, das sich, wie Sie sehen werden, letztendlich meist als Geschenk erweist, sind nur zwei Dinge gefragt: Eigenverantwortung und der Mut, eingefahrene (Denk-)Pfade zu verlassen. Das kostet meist große Überwindung und viel Kraft. Doch Sie werden eines sehen: Sobald Sie angesichts eines Problem-Geschenks eine Entscheidung treffen, deren letztendliche Konsequenzen Sie im Moment noch nicht übersehen können – Sie kündigen aus freien Stücken, Sie ziehen um, Sie verlassen Ihren Partner, Sie lassen Menschen, die Ihnen nicht guttun, in Frieden und Respekt ziehen –, so werden Ihnen gerade solche Entscheidungen die wundervollsten Türen öffnen und die größten Glücksgefühle bescheren. Alles liegt in Ihrer Hand, aber Sie müssen selbst aktiv werden – und mutig sein.

Ein Gedanke: Vertrauen Sie auf Ihr Problem

Im Angesicht eines Problem-Geschenks kommt es vor allem auf die Bereitschaft an, sich dem Unbekannten und vielleicht Beängstigenden zu stellen und die Chancen darin zu erkennen. Es geht darum, Vertrauen zu entwickeln, dass das, was sich Ihnen momentan in den Weg stellt, ein Geschenk ist, das Sie dazu auffordert, Ihren eigenen Weg zu gehen und Ihre eigenen Werte zu leben. Und darauf zu vertrauen, dass die Lösung bereits in Ihnen selbst vorhanden ist, weil jedes Problem auch seine eigene Lösung in sich trägt.

Wer Probleme hat, **hat mehr vom Leben**

Die heilende Kraft aus sich selbst

Ob ein Mensch eine Belastung bewältigen kann oder sich durch sie völlig überfordert fühlt, hängt von verschiedenen Faktoren ab: von seiner genetischen Veranlagung, von seiner Erziehung und von seinen bisher gemachten Erfahrungen im Umgang mit kritischen Situationen. So überwindet der eine seine Krise relativ schnell, ein anderer erstarrt wie das Kaninchen vor der Schlange, wieder ein anderer hadert oder kämpft gegen die Situation an. Mancher zerbricht auch daran. Jeder Mensch, egal ob Kind, Jugendlicher oder Erwachsener, findet sich fast tagtäglich in belastenden oder schwierigen Situationen wieder. Während Kinder beispielsweise Konflikte mit Spiel- oder Schulkameraden, Lehrern oder Eltern ertragen müssen, haben Erwachsene ihre Probleme mit dem Partner, Kollegen, Nachbarn, Freunden oder den eigenen Kindern. Dazu kommt bei den meisten der tägliche Arbeitsdruck.

Die eigene Individualität anerkennen

Grundsätzlich entwickeln Menschen in verschiedenen Problemsituationen ähnliche Gefühle.

- Empfindet man eine Situation als bedrückend oder bedrohlich, entwickelt man Ängste.
- Fühlt man sich in seiner Person oder mit seinen Bedürfnissen missachtet, erzeugt das Ärger oder Wut.
- Glaubt man von sich selbst, einen anderen verletzt zu haben, fühlt man sich schuldig.
- Kommt man beim Vergleich mit anderen weniger gut weg, schämt man sich oder fühlt sich minderwertig.
- Verliert man einen geliebten Menschen, empfindet man Schmerz und Trauer.

PROBLEME SIND NOTWENDIG

Trotz dieser Übereinstimmungen gibt es selbst bei vergleichbaren Lebensumständen aufgrund der unterschiedlichen Persönlichkeitsstrukturen und Erfahrungen der Menschen große Unterschiede, als wie belastend eine bestimmte Situation empfunden wird und wie stark die Gefühle sind, die sie bei einem auslöst. Manche Menschen entwickeln beispielsweise schneller und häufiger Ängste als andere. Manche scheinen regelrechte Streithammel zu sein und Konflikte anzuziehen, andere reagieren schon beim Wort »Streit« gestresst und bekommen Herzrasen. Manch einer läuft unter Höchststress zur Höchstform auf. Ein anderer fühlt sich schon angesichts der Entscheidung, ob er heute den blauen oder den grünen Pulli anziehen soll, überfordert. Einige Zeitgenossen sind einfach selbstbewusst, andere werden von nagenden Zweifeln gequält.

Woran liegt das? Warum verhält sich jeder in vergleichbaren Belastungssituationen so verschieden? Spontan mag man meinen, dass das einfach an der Individualität jedes Wesens liegt, denn jeder Mensch hat eben seine ureigene Persönlichkeit und seinen Charakter. Für den einen ist das Glas eher halb voll, für den anderen halb leer. Der eine kann gut über seine Gefühle sprechen, der andere sperrt sie in sein Innerstes ein. Einer kommt leichter ins Handeln, ein anderer fühlt sich gelähmt oder versinkt in Selbstmitleid.

Man kann diese unterschiedlichen Verhaltensweisen aber auch am Hintergrund eines Menschen festmachen, an seiner Biografie, seiner Herkunft und seinen Lebensumständen. War die Kindheit belastend, das Elternhaus zerrüttet, die Schulzeit traumatisch, die Ausbildung eine Qual oder das gewählte Studienfach eine Fehlentscheidung, die man sich nicht eingestehen wollte? Es gibt viele traurige Lebensläufe, bei denen ein Scheitern und lebenslanges Unglück der Protagonisten unvermeidlich scheint, weil die Startbedingungen miserabel waren.

Wer Probleme hat, **hat mehr vom Leben**

Natürliche Widerstandskraft

Beide Theorien hinsichtlich des persönlichen Umgangs mit kritischen und problematischen Situationen – die der Individualität eines Menschen und die seines Hintergrundes – mögen ihre Berechtigung haben. Natürlich gibt es Charakterunterschiede, und natürlich gibt es auch sogenannte Risikofaktoren, die einen Menschen so negativ prägen, dass er es im Leben besonders schwer hat. Beide Ansätze sind durch entsprechende Forschungsarbeiten und Studien hinreichend belegt.

Ebenso belegt ist mittlerweile jedoch auch, dass Schwierigkeiten in der Kindheit und Jugend von Menschen nicht automatisch dazu führen, dass sie weniger stressresistent sind oder unter Belastungssituationen zusammenbrechen. Entscheidend ist dabei das sogenannte Resilienzvermögen eines Menschen. Und das hängt entscheidend von bestimmten Denkmustern ab.

Zum Teil lassen sich auch Denkmuster von einer bestimmten familiären Veranlagung ableiten. So gibt es Familien wie die meine: mit einem Großvater, der sich auch einmal in die Sonne setzen und es sich gut gehen lassen konnte, und einer Großmutter, die Tag für Tag nur arbeiten und noch mehr arbeiten wollte, um sich (finanzielle) Freiheit zu schaffen.

Dann gibt es auch solche Familien, in denen sich alle Mitglieder der Leistung und dem Erreichen eines bestimmten gesellschaftlichen Status unterwerfen. Es gibt solche, in denen die Berufswege quasi dynastisch vorbestimmt sind wie in einigen Unternehmerfamilien. Und es gibt solche Familien, in denen eine gewisse Kultur der Gelassenheit und der inneren Freiheit aller Mitglieder herrscht. Und diese familiären Prägungen wirken sich bei allen Menschen auf den weiteren Lebensweg aus, im Negativen wie im Positiven.

PROBLEME SIND NOTWENDIG

Die Ursprünge der Resilienzforschung

Die Ursprünge der Resilienzforschung reichen bis in die 1950er-Jahre zurück. Auf der hawaiianischen Insel Kauai begann die US-amerikanische Entwicklungspsychologin Emmy Werner mit einer Studie, in der sie über einen Zeitraum von 40 Jahren 698 Jungen und Mädchen beobachtete, die in Armut lebten, vernachlässigt oder misshandelt wurden. Nicht selten waren die Ehen der Eltern zerrüttet, viele Väter waren alkoholkrank. Vor diesem Hintergrund hätte man den Kindern ein glückloses Leben prophezeit, doch diese Langzeitstudie kam zu ganz anderen Ergebnissen: Auch wenn die Startbedingungen für einen Menschen noch so schlecht sind, meistern manche Menschen ihr Leben durchaus. So wuchs immerhin ein Drittel der Kinder von Kauai zu selbstbewussten, fürsorglichen und leistungsfähigen Erwachsenen heran, die im Beruf bestanden und beziehungsfähig waren.

Problembewältigung macht stark

Im Wesentlichen entstehen Denkgewohnheiten und Denkmuster, die bei Problemlösungen eingesetzt werden, jedoch im Lauf des Lebens durch die Erfahrungen, die man als Kind oder Jugendlicher mit seiner Umwelt gemacht hat. Man weiß heute aber auch, dass Resilienz eine Fähigkeit ist, die unabhängig von jedem Alter erlernt und geübt werden kann.

Auch Sie besitzen diese Fähigkeit, selbst wenn Ihnen das vielleicht momentan nicht bewusst ist und Sie sich verzagt fühlen oder besorgt sind. Ich zeige Ihnen, wie Sie mithilfe Ihres inneren Kompasses – ich nenne ihn Stimme meines Herzens oder Bauchgefühl – Ihren ureigenen seelischen Selbstheilungs- und Problemlösungs-

Wer Probleme hat, **hat mehr vom Leben**

kräften wieder auf die Spur kommen und lernen, Ihre Ressourcen zu nutzen. Tief in Ihrem Inneren liegt bereits alles, was Sie für ein zufriedenes und erfülltes Leben benötigen – Sie brauchen es nur noch auszugraben.

Was ist Resilienz?

Der Begriff Resilienz stammt vom lateinischen »resilire«, was so viel heißt wie »abprallen«. Psychologen nennen diese Fähigkeit Widerstandskraft oder Widerstandsfähigkeit. Resilienz ermöglicht es einem, mit extremen physischen oder psychischen Belastungen fertigzuwerden, ohne seelischen Schaden zu nehmen. Wir besitzen nicht nur für körperliche, sondern auch für seelische Verletzungen enorme Schutzmechanismen. So können Menschen selbst Traumata wie Missbrauch, Krieg, Folter und Verwahrlosung ohne anhaltende Beeinträchtigung überstehen. Und dabei sind es, wenn man genau hinschaut, meist nicht reines Glück oder Zufall, die die Menschen retten, sondern eine Reihe anderer Faktoren. Resilienz hängt eng mit den seelischen Ressourcen eines Menschen zusammen. Dazu gehören ein stabiles Selbstwertgefühl und die innere Haltung, seines eigenen Glückes Schmied zu sein und sein Leben aktiv beeinflussen zu können. Zudem gehört ein gesundes Bauchgefühl dazu, das einem als innerer Kompass dient. Nicht zuletzt sind auch intellektuelle Fähigkeiten gefragt sowie die Möglichkeit, sich Ressourcen zur Befriedigung seiner spirituellen und auch seiner Vitalbedürfnisse zu schaffen. Dazu gehören Nahrung und ein Dach über dem Kopf, aber auch Menschen, die einen unterstützen und einem guttun. Einer der berühmtesten Menschen, der sich durch ein besonders großes Potenzial an Resilienz auszeichnet, ist Nelson Mandela, der 27 Jahre in Haft zubrachte, einen Teil davon sogar in Isolationshaft. Bei seiner Freilassung wirkte er stabil und keineswegs gebrochen und konnte bald die Führung seines Landes übernehmen.

PROBLEME SIND NOTWENDIG

In der Krise wachsen

Menschen, die sich aktiv mit Schwierigkeiten auseinandersetzen und dabei erfahren, dass sie das aus eigener Kraft oder mit Unterstützung von außen schaffen, wachsen an der Krise und erwerben so Resilienz. Psychologen nennen dies »posttraumatic growth« oder »posttraumatische Reifung«. Auf Grundlage dieser Fähigkeiten wird man leichter mit den Widrigkeiten des Alltags fertig und lässt sich nicht so leicht umwerfen. Es ist eine der wunderbarsten Fähigkeiten des Menschen, lebenslang innerlich wachsen zu können. Das führt zu einem Reifeprozess, der auf lange Sicht zu einer tieferen Menschlichkeit, Herzlichkeit, Güte und sogar Weisheit führen kann.

Aus meiner Sicht und Erfahrung ist es angesichts eines Problems oder einer Krise wichtig, dass man es sich selbst wert ist, sein Leben zu ändern. Man tut weder seinem Partner, seiner Familie noch seinen Arbeitskollegen und anderen Menschen in seinem Umfeld und am wenigsten sich selbst etwas Gutes, wenn man wie ein Kaninchen vor der Schlange in einer unangenehmen Situation verharrt oder den Kopf in den Sand steckt.

Sobald ein Problem, egal in welcher Gestalt, auftaucht, ist dies immer ein Appell an die eigene Freiheit und die Verantwortlichkeit für sein Leben. Und diese Verantwortlichkeit bedeutet zuallererst, noch vor dem eigentlichen Handeln, sich etwas bewusst zu machen: **Kein anderer ist in der Lage, Probleme für einen zu lösen.** Stattdessen geht es angesichts von Krisen darum, Beweglichkeit zu entwickeln und zunächst einmal einen anderen Blickwinkel einzunehmen: Wenn es so nicht weitergeht, dann geht es eben anders, dann wartet vielleicht etwas anderes auf mich. Vielleicht etwas, das meinen innersten Bedürfnissen nach Entwicklung viel mehr entspricht und was mir letztendlich viel mehr Zufriedenheit und Glück bringt.

Wer Probleme hat, **hat mehr vom Leben**

Mut zur Veränderung

Lernt man, angesichts eines Problems oder einer Schwierigkeit über den Tellerrand hinauszuschauen und so seinen Horizont zu erweitern, so heißt das nicht, dass sich das Leben von einem auf den anderen Tag komplett ändern wird. Aber man selbst ändert sich dabei. Dazu ist es zunächst wichtig, das eigene Handlungsspektrum zu vergrößern. Das geschieht schon in dem Moment, wenn man seine üblichen Denkprozesse hinterfragt, Zweifel zulässt und seine sogenannte innere Stimme ernst nimmt. Natürlich kann einem das Bauchgefühl auch einmal einen Streich spielen, weil es ebenfalls durch Erfahrungen und Muster geprägt ist. Doch wenn man seine Haltung immer wieder kritisch überprüft und sich anschließend ein gutes Gefühl bei der Entscheidung einstellt, die man getroffen hat, liegt man kaum falsch.

Jedes Problem ist deshalb ein Geschenk, weil es uns zeigt,
- dass wir Gewohnheiten hinterfragen dürfen,
- dass wir nicht nach unseren seelischen oder körperlichen Bedürfnissen gelebt haben,
- dass das Leben und insbesondere die kleinen Dinge kostbar sind,
- dass man sich selbst und seine Bedürfnisse ernst nehmen darf, ohne sich immer allzu wichtig zu nehmen,
- dass der Sinn des Lebens oft ein anderer ist, als man bisher glaubte,
- dass man auch andere Menschen und deren Bedürfnisse akzeptieren sollte,
- dass der Partner und Freunde wichtige Bezugspersonen sind, die Zuwendung und Anerkennung verdienen,

- dass es im Leben andere Prioritäten gibt als die vordergründigen,
- dass es eine spirituelle Dimension im Leben gibt,
- dass es sich lohnt, etwas für sich selbst, seine Gesundheit und sein Wohlbefinden zu tun,
- dass man sich seine Zeit gut einteilen sollte.

Probleme zeigen oft nicht so sehr dem Kopf, sondern mehr dem Herzen, um was es eigentlich geht. Oft findet man die Lösung schneller heraus, wenn man nicht nur durch Nachdenken, sondern auch durch Nachfühlen nach der Wurzel des Übels sucht. Indem man in sich hineinhorcht und Empfindungen nachspürt, die einem den Weg zur Lösung des Problems weisen.

Ein Gedanke: Alles ist im Fluss

Dass das Leben aus immerwährender Wandlung und nicht aus Stillstand besteht, wusste schon der Philosoph Heraklit, von dem der Satz »panta rhei – alles fließt« überliefert ist. Ein späterer Philosoph, Aristoteles, führte den Gedanken dann weiter aus. Er formulierte, dass kein Mensch zweimal in den gleichen Fluss steigen kann. Es geht also darum, vor allem angesichts von Krisen oder Problemen auf Entdeckungsreise zu gehen und Alternativen zu suchen. Wenn man wach ist und selbst im Fluss bleibt, hat man viele Möglichkeiten: Man kann gegen den Strom schwimmen, mit ihm schwimmen oder sich auch treiben lassen. Wenn man am Ufer etwas Neues entdeckt, kann man aus dem Fluss steigen und dieses erkunden. Das Leben ist voller Alternativen, die einem die Hand reichen.

Die Weisheit des Bauchgefühls

Oft genug habe ich in meinem Leben nur auf meinen Verstand, meinen Intellekt vertraut. Und das, obwohl ich mein Bauchgefühl, meine Intuition immer schon ganz deutlich wahrgenommen habe. Aber lange Zeit hat mir einfach mein Vertrauen in diese innere Stimme, in die Stimme meines Herzens gefehlt. Dieses Vertrauen durfte sich erst langsam entwickeln, und mit jedem »Erfolgserlebnis« lernte ich, mich immer mehr darauf zu verlassen. Häufig stellte ich fest, dass ich in meiner Firma einfach ein »gutes Händchen« hatte für die richtige Entscheidung, für die Bedürfnisse unserer Kunden, weshalb unsere Produkte und mein Unternehmen so erfolgreich wurden.

Dass es wirklich eine andere, weit wichtigere Instanz in mir gab als meinen Kopf, stellte ich auch beim Fliegen fest, wenn ich mich in »meinem« Element aufhielt, der Luft. Hier fand ich recht schnell heraus, dass es nie mein Rechenzentrum im Kopf war, welches mich die richtigen Aufwinde finden ließ. Ganz im Gegenteil: Je mehr

Erfahrung ich gewann und je mehr Flugkilometer ich zurücklegte, umso mehr spürte ich, dass ich mich auf etwas in mir garantiert verlassen konnte: eben auf mein eigenes Gespür.

Daraus leitete ich einen Grundsatz ab, der mich seither durch mein Leben begleitet. Jede Entscheidung, die ich später traf, gründete – so wusste ich nun – auf diesem Bauchgefühl. Ich bin mir sicher, dass ich weder materiellen noch sportlichen Erfolg gehabt hätte, wenn ich mich nicht davon hätte leiten lassen. Auch dass ich mich später auf eine andere, spirituelle Art der Weiterentwicklung eingelassen habe, hat mit dieser Intuition zu tun. Oft müssen wir »kopfgesteuerten« Menschen jedoch erst wieder zu diesem Bauchgefühl vordringen und lernen, uns ihm anzuvertrauen.

Ein Gedanke: Der Bauch kennt die Lösung

Sowohl in Krisenmomenten als auch im Augenblick von Entscheidungen ist es immer mein Bauch, der richtigliegt, nicht mein Kopf. Wenn ich unsicher bin, wie ich mich in einer problematischen Situation entscheiden soll, dann weiß ich, dass es Zeit ist, eine andere Instanz zu befragen, die ich die Stimme meines Herzens nenne.
Blicken Sie doch einmal auf Ihr bisheriges Leben zurück: Ist es nicht so, dass es in den meisten Fällen Ihr Bauch war, der die richtige Lösung schon lange vorher »wusste«, erspürte?
Ich jedenfalls kann heute sagen: Alle Entscheidungen, die ich intuitiv getroffen habe, haben sich im Nachhinein als absolut richtig herausgestellt. Was ich allein mit meinem Kopf entschieden habe, hat mich oft in eine Sackgasse geführt.

WENN DER KOPF SPRICHT, HAT DER BAUCH ZU SCHWEIGEN?

Tatsächlich bleibt uns der Zugang zu der Stimme unseres Bauches oft versperrt. Ja, es gilt insbesondere bei erfolgreichen und intelligenten Menschen oft als regelrecht verpönt, auf seinen Bauch, seine Intuition oder die Stimme des Herzens zu hören. Der Verstand und seine analytischen Fähigkeiten erscheinen viel zuverlässiger als der Bauch mit seinen merkwürdigen Regungen.

Dass wir im Westen Körper und Seele, Kopf und Bauch voneinander trennen, hat vielerlei kulturell und religiös bedingte Gründe. Unser Weltbild ist von einem naturwissenschaftlich orientierten Dualismus geprägt, der auch tief im Christentum verwurzelt ist: Bereits in der Antike betrachtete man Körper, Geist und Seele als voneinander getrennte Einheiten.

Das wirkt zwar auf den ersten Blick wie eine Gewissheit, die Stabilität und Sicherheit verspricht, weil der Körper mit seinen Sinnen durch diese Trennung nicht den Geist verwirrt und die Seele ohnedies ihre eigene Spiritualität besitzt. Aber es führt auch dazu, dass Veränderungen und Entwicklungsprozesse zu einer schwierigen Angelegenheit, wenn nicht gar unmöglich werden. Denn ein Kopfmensch überlegt, wägt ab und analysiert, ohne auf diesem Weg jedoch immer zu einer echten Lösung zu kommen, und er entscheidet nicht selten mit einem Gefühl der inneren Zerrissenheit. Gerade kopfgesteuerte Menschen haben oft Schwierigkeiten, bestimmte Gewohnheiten und Muster zu durchbrechen und die ihnen innewohnenden Ressourcen in vollem Umfang zu nutzen, denn es fällt ihnen schwer, einen Zugang zu ihrer Intuition zu gewinnen. Manchmal vernehmen solche rationalen Menschen diese Stimme zwar, aber sie erlauben es sich nicht, diese auch zuzulassen und auf sie zu hören.

Warum wir Kopf und Bauch trennen

Dabei wird gerade in neuerer Zeit immer deutlicher, dass dieser Dualismus, diese Trennung von Kopf und Bauch, eigentlich als überwunden betrachtet werden kann. Interessanterweise sind vor allem Wissenschaftler, die ja als besonders »kopfgesteuert« gelten – Psychologen, Neuroökonomen, Kognitions- und Hirnforscher, Neurobiologen und Quantenphysiker –, im Begriff, die Prozesse zu analysieren, auf denen unser Denken und unsere Gefühle beruhen.

Heute weiß man, dass Geistes- und Bewusstseinszustände in erster Linie von chemischen und biologischen Prozessen im Körper abhängen. Unsere sinnlichen Wahrnehmungen und unsere Gefühle wirken tief auf die körperliche Zellebene ein. Auf Psychosomatik spezialisierte Ärzte befassen sich mit der Erkennung und Behandlung von Krankheiten und Beschwerden, denen seelisch-körperliche

Das Energiezentrum in uns

Den Bauch oder die Körpermitte als Energiezentrum kennt man in der asiatischen Kultur schon seit Tausenden von Jahren. Es hat viele Namen: In den Yogatraditionen nennt man es Nabel-Chakra (Manipura-Chakra), in Japan Hara, in China Dantian. Die Körpermitte gilt hier als Quelle unseres inneren Gleich- oder Ungleichgewichts.

Mit gezielten Meditations-, Atem-, Qi Gong- und anderen Energie-Übungen (siehe auch Seite 147) kann man den Energiefluss in seinem Körper harmonisieren, das natürliche Energiegleichgewicht wiederherstellen und zur eigenen Mitte finden.

Wenn der Kopf spricht, hat der Bauch zu schweigen?

Faktoren zugrunde liegen. Das Wissen, dass alles mit allem verbunden ist, bildet auch die Grundlage wesentlich älterer Heiltraditionen wie des indischen Ayurveda oder der Traditionellen Chinesischen Medizin. Diese beiden Heilsysteme gewinnen auch im Westen immer mehr Anhänger.

Mit dem Bauch Entscheidungen treffen

Dass unser Bauch also keineswegs eine rein körperliche Instanz ist, wird sowohl durch die Erkenntnisse der asiatischen Heilkunde wie auch der modernen Forschung bestätigt. Denn der Bauch ist viel mehr: Er ist eine sichere Entscheidungsinstanz. Probleme, die aus dem Bauch heraus gelöst werden, erweisen sich in vielen Alltagssituationen denjenigen Entscheidungen überlegen, die nur vom Verstand bestimmt werden. Hirnforscher wie der berühmte Antonio R. Damasio, die die Vorgänge im Gehirn mit dem Kernspintomografen untersuchen, gehen mittlerweile davon aus, dass es Entscheidungen, die ohne vorherige emotionale Bewertung vonstattengehen, nicht gibt. Der rein geistes- oder verstandesorientierte Mensch existiert demnach überhaupt nicht, denn jede Entscheidung ist eine Gefühls- und damit eine Bauchentscheidung. Der Verstand dient dann als eine Art Werkzeug des Bauchgefühls. Das Bauchgefühl ist dabei der Kompass, der anzeigt, wo es langgeht. Geahnt haben Sie das vielleicht schon längst: Spätestens seit Ihnen das letzte Mal »Ärger auf den Magen schlug«, Sie ein »mulmiges Gefühl« oder auch »Schmetterlinge im Bauch hatten«.

Denn diese körperlichen Symptome sind eindeutige Anzeichen dafür, dass in Ihrem Inneren etwas vor sich geht, dass sich die innere Stimme meldet und Ihnen etwas sagen will. Achten Sie auf diese Anzeichen; das ist der erste Schritt auf dem richtigen Weg.

Wie der Bauch »denkt«

Das menschliche Gehirn als vielschichtige und komplizierte Struktur ist zweifelsohne eines der größten Abenteuer für Wissenschaftler unserer Tage. Schließlich ist unsere Steuerzentrale im Kopf im Vergleich zu unseren nächsten tierischen Verwandten von beispielloser Komplexität. Neurologen, Biologen und Psychologen widmen sich jedem Teilsystem, um der Entstehung von Fähigkeiten wie Wahrnehmen, Erinnern, Fühlen und Denken, Sehen, Hören, Riechen, Schmecken, aber auch Glück und Traurigkeit, Mitgefühl und Spiritualität auf die Spur zu kommen. Unter Hirnforschern besteht sogar Übereinstimmung darin, dass man mit der Entschlüsselung unseres »Kopfgehirns« (im Unterschied zum »Bauchgehirn«, das im nächsten Absatz beschrieben wird) auch den Geheimnissen des Universums einen großen Schritt näher kommt.

Spannend in diesem Zusammenhang ist die Entdeckung des Gehirns im Bauch. Denn das, was im Bauch steckt, besteht nicht nur aus unästhetischen Eingeweiden und verborgenen Verdauungsvorgängen. Tatsächlich ist der menschliche Magen-Darm-Trakt von einem eigenen Nervensystem mit etwa 100 Millionen Zellen umhüllt. Dieses sogenannte enterische Nervensystem ist ebenfalls hochkomplex und wird deshalb auch als »Bauchgehirn« bezeichnet.

»Little brain« und »big brain«

Einige Forscher sind davon überzeugt, dass es sich beim Bauchgehirn um eine Art Kopie des Kopfgehirns handelt. Die Zelltypen und Andockstellen an den Körperzellen (Rezeptoren) des Magen-Darm-Traktes sind diesen Forschungen zufolge identisch mit denen der Steuerzentrale im Kopf und kommunizieren miteinander über ihre eigenen Botenstoffe, wie die Gute-Laune- und Glückshormo-

Wenn der Kopf spricht, **hat der Bauch zu schweigen?**

ne Serotonin oder Dopamin. Auch besteht eine direkte Leitung über Nervenstränge zur Großhirnrinde und somit zum limbischen System. Das ist insofern bedeutsam, als in diesem Gehirnareal alle unsere Triebe und Gefühle entstehen. Außerdem scheint das Gehirn im Bauch auch sogenannte somatische Marker zu besitzen. Sie sind verantwortlich für die Entstehung von Vorgefühlen, wie zum Beispiel einem mulmigen Gefühl vor einer Prüfung oder der Vorfreude vor einem besonders schönen Ereignis. Diese Informationen sendet das Bauchhirn dann an das Großhirn, wo sie weiterverarbeitet werden. Dass der Körper früher reagiert als das Bewusstsein, kennen Sie mit Sicherheit auch aus eigener Erfahrung, wenn sich in brenz-

Das Bauchgehirn

Der Neurowissenschaftler Michael Gershon von der Columbia-Universität in New York erklärt in seinem Buch »Der kluge Bauch«, dass die zweite Kommandozentrale im Bauch oft kompetenter entscheidet als der Kopf. Professor Emeran Mayer, Physiologe an der Universität Kalifornien, konnte nachweisen, dass nicht nur das Hirn Erfahrungen speichert, sondern auch der Bauch. Er ist überzeugt, »dass unser Bauchgehirn – unser Bauchgefühl – viele emotionale Prozesse steuert. Das berühmte gute oder schlechte Gefühl ist nicht nur Intuition, es beruht auf ganz realen Erfahrungsgrundlagen. Nicht nur das Gehirn, auch der Bauch speichert Erfahrungen, die ein Mensch im Lauf seines Lebens sammelt, und setzt diese dann im alltäglichen Leben um.«
Auch der amerikanische Psychologe Antonio R. Damasio empfiehlt, ruhig mehr auf das eigene Bauchgehirn zu hören. Wenn es grummelt, solle man seinen Kopf bitten, noch mal gut zu überlegen.

ligen Situationen ein »schlechtes« Gefühl im Bauch breitmacht. Natürlich unterscheidet sich das Kopfgehirn von dieser Bauchstimme oder diesem sechsten Sinn durch den hohen Grad seiner neuronalen Komplexität sowie seiner kognitiven Prozesse. Dazu gehören das Denken, die Verarbeitung von Emotionen und Bewusstsein, die Motorik sowie die Verarbeitung von Sinneseindrücken. Trotzdem ist unser Bauchgehirn oder auch unser »little brain«, wie es der Physiologe Emeran Mayer nennt, immer einen kleinen, bedeutenden Schritt voraus.

Kopfgesteuert in die falsche Richtung

Ich habe im Lauf meines Lebens viele Menschen kennengelernt, die den Kontakt zu ihrer Bauchstimme völlig verloren hatten und so langsam in eine Identität rutschten, die mit ihnen selbst gar nichts mehr zu tun hatte. Sie führten ein Leben, das sich nicht ganz schlecht, aber auch nie oder nur ganz selten wirklich gut anfühlte, nach dem Motto: »Mein Leben hat sich zwar nicht so entwickelt, wie ich es mir wünschte, aber es geht schon irgendwie.« Diese Denk- und Lebensweise ist sicher eine praktikable Möglichkeit – denn es könnte ja theoretisch alles noch viel schlimmer kommen. Die Nachrichten aus aller Welt, mit denen wir über Fernsehen und Internet tagtäglich gespeist werden, zeigen viel Schreckliches, ja Unerträgliches. So könnte man – ebenfalls theoretisch – froh darüber sein, wenn es einem wenigstens halbwegs gut (oder schlecht) geht. Aber eine solche Einstellung führt auch dazu, dass Sie gezielt an sich und Ihren ureigensten Bedürfnissen vorbeileben. Sie verhindert, dass Sie sich weiterentwickeln, neue Wege einschlagen, Ihre Talente entfalten und zu sich selbst finden, nach dem Motto: Lieber den Spatz in der Hand als die Taube auf dem Dach.

Wenn der Kopf spricht, **hat der Bauch zu schweigen?**

Heute schon auf den Bauch gehört?

Jeder von uns kann es spüren, dieses mulmige Gefühl, dass irgendetwas nicht stimmt. Es lässt sich nicht einfach wegdenken. Haben Sie am Montagmorgen Bauchschmerzen, weil Sie sich so gar nicht auf Ihre Arbeit freuen? Haben Sie ein schlechtes Gefühl, wenn Sie auf Ihrem Bürostuhl Platz nehmen? Haben Sie keine Lust mehr auf »schneller, weiter, höher«, weil es Sie im Grunde zutiefst langweilt und ganz und gar nicht erfüllt? Fühlen Sie sich ständig erschöpft und müde? Machen Ihnen Kleinigkeiten wie ein freundliches Lächeln, ein blauer Himmel am Morgen oder das wechselnde Gesicht der Natur im Lauf der Jahreszeiten keine Freude mehr?

Ich kenne einige dieser Gefühle allzu gut. Jahrelang habe ich sie weggeschoben, obwohl mein Bauch mir längst signalisierte: »Raus aus diesem Leben, aber schnell!« Der Kopf mit seinen unglaublichen Fähigkeiten hatte allerdings jedes Mal, wenn sich die Stimme des Bauches zu Wort meldete, nichts Besseres zu tun, als ihr den Mund zu verbieten. »Jetzt stell dich nicht so an. Du hast ein gutes und sicheres Einkommen, du wohnst schön und hast jede Menge materielle Besitztümer; und außerdem hast du ja auch anderen Menschen gegenüber Verpflichtungen.« So oder so ähnlich lautet der Text immer. Hauptsache, der Bauch gibt verschämt Ruhe und bereut, dass er so vorlaut war.

In unserer Kultur, in unserer Gesellschaft wird dem Intellekt ein Übermaß an Macht und Einfluss eingeräumt. Man hört nur auf die Stimme der Vernunft und gern auch auf die Vorgaben oder sogar die Erwartungen von anderen Menschen. Das sind in der Regel Menschen, die wir als Vorbilder betrachten. Wichtig können demnach Besitz, materielle Güter, Macht, Positionen und Ansehen sein. Denn sie bescheren einem ein (vermeintliches) Gefühl von Sicherheit, Wichtigkeit und Wert.

DIE WEISHEIT DES BAUCHGEFÜHLS

Vielleicht spürt man gelegentlich, dass man sich diesen Zielen unterwirft, obwohl sie mit den eigenen Bedürfnissen und dem, was einem der Bauch sagt, gar nicht übereinstimmen. Aber den Kopf infrage zu stellen, das tut man nicht. Da stünde wohl zu viel auf dem Spiel. Vielleicht käme man dann darauf, dass man jahrelang den falschen Zielen hintergelaufen ist und sich dabei unter Umständen bis an den Rand der körperlichen, geistigen und emotionalen Erschöpfung gebracht hat.

Kopf und Bauch kommunizieren lassen

Natürlich können und sollen wir unseren Kopf nicht außen vor lassen. Er hat wunderbare Fähigkeiten, und genau diese sollten wir nutzen – aber nicht in der gewohnten Abfolge! Denn das ist bereits der erste Schritt zu einer besseren Problemlösung.

Wenn Sie zum Beispiel merken, dass es Ihnen den Magen zusammenkrampft, wenn Sie einem bestimmten Menschen begegnen, dann dürfen Sie Ihren Kopf fragen: »Was will mir mein Bauch damit sagen?« Und da der Kopf über wunderbare analytische Fähigkeiten verfügt, wird er viele Gründe finden und sich an vieles erinnern, was Ihnen logisch erklärt, warum Ihr Bauch so reagiert hat. Sobald Ihnen das klar ist, dürfen Sie in einem kreativen Brainstorming alle möglichen Lösungsvarianten durchspielen. Sehr oft wird Ihr Bauch eine dieser Lösungen mit einem klaren »HURRA!« favorisieren, während der Kopf Bedenken anmeldet und dazu bemerkt: »Aber das kannst du doch nicht machen!«

In solchen Fällen ist eine liebevolle innere Kommunikation zwischen Bauch und Kopf nötig, um eine angemessene Lösung zu finden. Warum sollten Sie

Wenn der Kopf spricht, **hat der Bauch zu schweigen?**

den Kontakt zu dieser bestimmten Person eigentlich nicht beenden? Warum sollten Sie sich nicht Einflüssen entziehen, die Ihnen nicht guttun? Warum nicht Plätze meiden, an denen Sie sich nicht wohlfühlen? Warum nicht eine Arbeitsstelle verlassen, an der es Ihnen nicht gut geht? Oder: Müssen Sie mit zum Shoppen oder zu einem Fußballspiel gehen, wenn Sie dazu wirklich keine Lust haben?

Je öfter Sie solche inneren Dialoge zwischen Kopf und Bauch, Bauch und Kopf führen, desto rascher und liebevoller werden Sie Klarheit zu den Themen Ihres Lebens gewinnen. Je liebevoller diese Dialoge in Ihnen ablaufen, desto liebevoller werden Sie Ihre getroffenen Entscheidungen den betroffenen Menschen mitteilen können, ohne diese zu verletzen.

Versuchen Sie diese »Übung« immer bewusst durchzuführen, wenn Ihnen in bestimmten Situationen mulmig zumute ist oder Sie den Moment als unangenehm empfinden. Das tut nicht nur Ihnen gut, sondern auch Ihrem Gegenüber. Allzu gern macht man andere dafür verantwortlich, wenn es einem in einer bestimmten Situation nicht gut geht. Indem Sie bei sich bleiben und den anderen so sein lassen, wie er ist, schaffen Sie eine positive Atmosphäre (siehe dazu auch S. 100).

Das Leben gibt die richtigen Hinweise

Einige meiner früheren Segelflugreisen führten mich nach Chile und Argentinien. Hier kam ich häufig in Kontakt mit Einheimischen, deren Lebensstandard sehr niedrig war. Aber diese Menschen zeichnete eine besondere Eigenschaft aus: ihr Strahlen und ihre Lebensfreude – und das trotz der teilweise widrigen und armseligen Umstände, unter denen sie lebten. Mich wunderte das zunächst, denn schließlich hätten diese armen Menschen nach unseren Maßstäben doch zutiefst unglücklich sein müssen. Ich dagegen, der nicht arm war, sollte mich jedoch auf jeden Fall glücklich fühlen.

Das war aber beileibe nicht der Fall, und ich strahlte auch schon lange nicht mehr.

Gespiegelt bekam ich diesen Zustand dann auch von anderer Seite. Wenn ich von einer meiner Reisen zurückkam und am Flughafen durch die unendlich langen Gänge irrte, hatte ich immer das Gefühl, dass gerade irgendetwas Furchtbares passiert sein musste. Herunterhängende Mundwinkel, zusammengepresste Lippen, trübe Blicke sah ich in den Gesichtern all der umherstehenden Leistungsträger in ihren dunklen Anzügen. Da war kein Glück, keine Zufriedenheit. Wer so verdrießlich dreinschaut, kann einfach kein schönes Leben führen – auch wenn er zutiefst davon überzeugt ist.

Lernen, sich zu hinterfragen

Ich fühlte damals bereits, dass ich selbst lieber arm wäre, wenn ich dafür so glücklich sein könnte wie die armen Menschen in Lateinamerika. Allerdings sollte es noch eine Weile dauern, bis es mir wirklich gelang, auf meinem einmal eingeschlagenen Weg umzukehren. Mein Wertesystem gab mir damals noch etwas anderes vor, auch wenn mein Bauchgefühl dem widersprach.

Zumindest begann ich damals, mein Leben Stück für Stück zu entrümpeln. Ich sah mir dazu jeden Gedanken, jede Meinung und jede Ansicht an, die ich im Lauf der Jahre für gut befunden und verinnerlicht hatte. Bei jedem Hinsehen fragte ich mich, ob ich diese Idee oder jenen Gedanken weiterhin behalten wollte oder mich doch lieber von ihr oder ihm befreien sollte. So setzte ich einen Prozess in Gang, der am Ende im Weggeben aller meiner materiellen Güter mündete. Schon damals jedoch war ich mir in einer Hinsicht ganz sicher – denn das sagte mir mein Bauch: Mein Leben würde in Zukunft ein glücklicheres sein – weil ich mich von vielem befreite, was meinem Glück im Weg gestanden hatte.

Wenn der Kopf spricht, **hat der Bauch zu schweigen?**

Veränderungen bewusst einleiten

Sehr hilfreich waren in jener Zeit die Methoden, die ich mir angeeignet hatte, um meine mentale Leistung beim Wettbewerbs-Segelfliegen zu steigern. Zum Teil entstammten die Techniken dem Neurolinguistischen Programmieren (NLP) nach Richard Bandler und seinen Weiterentwicklungen DHE (Design Human Engineering) und NHR (Neuro Hypnotic Repatterning). Kurz erklärt besteht die Idee hinter diesen Methoden in der Auffassung, dass unser Gehirn über Sprache beeinflusst wird und dass die Sprache, die man verwendet, Aufschluss über unsere Denkweise gibt.

Diese Wechselwirkung kann man ganz bewusst einsetzen, um gewünschte Veränderungen zu erreichen. Wenn jemand zum Beispiel ständig über ein gewisses Problem spricht und betont, wie sehr es ihn belastet, wie unlösbar und furchtbar es sei, dann verstärkt er dieses Problem, und es wird ihm von Tag zu Tag immer größer und unlösbarer erscheinen. Spricht jemand aber über die möglichen Lösungen eines Problems, so wird er dessen Lösbarkeit verstärken.

Ein weiterer wichtiger Schritt in meinem Prozess bestand darin, dass ich zu meditieren begann. Über die Meditation landete ich beim Buddhismus, der mich in erster Linie durch seine nicht religiösen Aspekte begeisterte. Sie beschäftigen sich mit den Grundfragen des Lebens: Wie kann man ein glückliches Leben führen? Wie findet man Zugang zu sich selbst? Was bedeutet Sein? Und ich fragte mich immer öfter: Wie lassen sich diese jahrtausendealten Weisheiten in unsere moderne Zeit hinüberführen?

Für mich selbst ist es mir gelungen, diese Fragen zu beantworten und meinen Weg zu finden. Ihnen möchte ich zeigen, wie dieser Weg aussieht, und Ihnen Anregungen geben, sich selbst auf den Weg zu machen – Ihren eigenen.

INSPIRATIONSQUELLE BUDDHISMUS

Ich erfuhr, dass es im Buddhismus einen Zustand der besitzlosen Leichtigkeit gibt – etwas, das ich mir früher überhaupt nicht vorstellen konnte. Wie sollte Besitzlosigkeit zu Leichtigkeit führen? Schon der Gedanke, nichts zu besitzen, löst doch Panik aus! Aber nun war ich gerade dabei, mich und meine Gewohnheiten einer genaueren Prüfung zu unterziehen, und begriff langsam, was damit gemeint war. Wenn der Inhalt eines Lebens darin besteht, Besitz anzuhäufen und bestimmte Positionen zu erwerben, dann kreisen natürlich auch alle Gedanken und alle Handlungen nur um diese Themen. Diesen Lebensmittelpunkt will man sichern und ihm am besten immer noch mehr Raum geben. Dabei setzt man viel geistige und körperliche Energie ein. Diese Ressourcen fehlen dann allerdings bei der Umsetzung von Zielen, die einen wirklich glücklich machen könnten, zum Beispiel wertvolle Beziehungen zu anderen Menschen oder die Suche nach einem echten Sinn im eigenen Leben und Handeln.

Alles ist mit allem verwoben

Im Buddhismus gibt es keine Trennung zwischen Körper, Geist und Seele. Diese Einheit umfasst jedes Wesen, jeden Menschen, die gesamte Natur, unseren Planeten, das ganze Universum und alle Energie. Innerhalb dieser Gesamtheit hängt alles voneinander ab und ist miteinander verwoben.

Ein Leben im Einklang mit allem, was lebt, steht deshalb auch im Zentrum dieser Lehre, die von Siddharta Gautama entwickelt wurde. Siddharta Gautama, der erste Buddha (ca. 560 – 480 v. Chr.),

Inspirationsquelle **Buddhismus**

stammte aus Indien. Seine Lehre von der Vorbereitung des Menschen auf die Erlösung aus seinem irdischen Leiden fand im gesamten asiatischen Kulturraum viele Anhänger. Heute ist der Buddhismus eine Universalreligion, die vielen Menschen eine spirituelle Heimat gibt, die sich in den anderen Religionen nicht aufgehoben fühlen. Durch die rechte Geisteshaltung und das rechte Handeln sowie durch innere Sammlung – so die Grundzüge seiner Lehre – könne sich der Mensch aus dem endlosen Zyklus der Wiedergeburt lösen und ins Nirwana, in die Erlösung, eingehen. Dabei geschieht die Erfahrung des Nirwana durch die intuitive Erkenntnis der Tatsache, dass alles eins ist.

Der erste Buddha

Siddharta Gautama wurde um 560 v. Chr. im heutigen Nepal als Prinz geboren. Seine Eltern wollten ihm das Leid der Welt ersparen und schotteten ihn von der Außenwelt ab. Einmal entkam er jedoch seinen Bewachern und wurde mit dem Leid konfrontiert, das die Menschen quälte: Krankheit, Hunger, Armut, Alter und Tod. So beschloss er, sein Haus, seine Frau und seinen gerade erst geborenen Sohn zu verlassen und sich Lehrern der Askese anzuschließen. Im Lauf der Zeit wurde ihm klar, dass er sein Ziel, die Befreiung aus dem Dasein, nicht durch Askese erlangen konnte. So gab er den asketischen Lebenswandel auf und wendete sich dem sogenannten Mittleren Weg zu, also der Mitte zwischen den Extremen von Völlerei und Askese. Unter einem Bodhibaum meditierend, erreichte er schließlich, nach langen Jahren der Übung, die Erleuchtung, das sogenannte Erwachen. Schließlich begann er auf Bitten anderer, seine Einsichten darzulegen, und setzte das Rad des Dharma (Sanskrit: »Lehre«) in Bewegung. Bis zum Ende seines Lebens führte er ein Wanderdasein.

Vom achtsamen Leben

Buddhas Lehre ist eine Erfahrungsreligion, ganz im Gegensatz zu den Glaubensreligionen Islam, Judentum und Christentum. Wahrheit – wie die Dinge wirklich sind – wird im Buddhismus als alles durchdringend und allen Wesen innewohnend verstanden. Um dies zu erkennen, üben sich Menschen, die sich spirituell weiterentwickeln und Einsicht in ihr Wesen erlangen wollen, in einem achtsamen Lebensstil und regelmäßiger Meditation.

Ich selbst weiß heute, dass es mich körperlich, geistig und spirituell gesund hält, wenn ich mich täglich durch Meditation oder Qi Gong (siehe Seite 147) ins Gespräch mit meiner Seele begebe.

Info: Achtsam leben

Ein achtsames Leben hilft mir dabei …
- mich und meine Welt bewusster wahrzunehmen,
- ruhiger und klarer zu werden,
- Gefühle und Gedanken kommen und gehen lassen zu können,
- auch unter Stress meine Mitte und damit den Überblick zu behalten,
- Muster und Gewohnheiten aufzulösen und zu ändern,
- gelassen zu bleiben,
- mein inneres Lächeln zu behalten,
- Beschwerden zu reduzieren,
- das Gespräch und das Miteinander mit anderen Menschen positiv zu verändern,
- im Hier und Jetzt zu sein.

Inspirationsquelle Buddhismus

Das macht mich achtsamer, auch wenn ich als Naturwissenschaftler gar nicht genau weiß, was hinter dem Begriff Seele steckt. Was ich jedoch sicher weiß, ist, dass es etwas gibt, das über Körper und Geist hinausgeht. Und dieses Etwas nenne ich Seele. Wenn ich mit diesen drei Säulen in Kontakt bleibe – mit meinem Körper, meinem Geist und meiner Seele –, dann bin ich bei mir, dann nehme ich echte Stabilität und Sicherheit wahr.

Sich auf sich selbst besinnen

Eine ausgezeichnete Methode, sich wieder an seine innere Stimme anzubinden und Achtsamkeit zu üben, ist die Meditation. So lernen Sie, die störenden Nebengeräusche des Kopfes auszublenden und sich auch im Alltag nicht so oft ablenken oder von Ihrem Weg abbringen zu lassen. Mit etwas Übung im Meditieren können Sie sich im Lauf der Zeit besser konzentrieren und fühlen sich auch in belastenden Situationen stärker.

Heute weiß man, dass Menschen, die regelmäßig meditieren, eine bis um fünf Prozent dickere Hirnrinde haben. Auch mehr Verschaltungen zwischen den Nervenzellen, die für Aufmerksamkeit und Sinneswahrnehmungen zuständig sind, lassen sich messen. Zudem sinkt bei einer Meditation der Blutdruck, der Puls wird langsamer und die Atmung gleichmäßiger. Bei geübten Meditierenden schüttet das Gehirn sogar einen körpereigenen Beruhigungsbotenstoff aus, Dopamin.

Was genau beim Meditieren passiert, weiß man heute noch nicht. In jeder Form der Meditation steht aber die Besinnung auf sich selbst und die eigene Mitte im Hier und Jetzt im Zentrum. Gestern und Morgen spielen keine Rolle. Um sich ganz auf den Moment einzulassen, konzentriert sich der Meditierende beispielsweise auf seinen Atem oder richtet seine Aufmerksamkeit auf einen

Gegenstand wie eine Kerze. Dabei werden alle störenden Gedanken abgelegt. Selbstständig Meditation zu erlernen ist nicht jedermanns Sache. Viele buddhistische Zentren bieten deshalb Kurse an. Wichtig ist auf jeden Fall das regelmäßige Üben. Ob man dabei 15 Minuten oder eine Stunde meditiert, spielt weniger eine Rolle.

Wer, wie ich, nicht so gern sitzt, kann auch Gehmeditation üben (siehe Seite 78).

Im Buddhismus habe ich viele wertvolle und konkrete Handlungsanweisungen für ein glückliches und erfülltes Leben gefunden. Oft sind diese Anweisungen so einfach, dass wir Menschen im Westen sagen: »Ja klar, so ist es« – und dennoch nicht danach handeln.

Gedanken benennen

Immer wieder werden wir durch das Gewirr unserer Gedanken aus unserer Achtsamkeit, aus dem Hier und Jetzt herausgezogen. Um sich aus dem Sog dieser Ablenkung zu befreien, gibt es eine sehr wirkungsvolle Technik, die Technik des Benennens.

Treten in einem Moment der Konzentration oder Meditation störende Gedanken auf, können Sie diese mit einem »Trick« einfach auflösen.

Benennen Sie Ihre Gedanken einfach mit »Denken, Denken, Denken« oder »Gedanken, Gedanken, Gedanken«. So halten Sie sich die Inhalte der jeweiligen Gedanken fern.

Erkennen Sie, dass Sie selbst nicht Ihre Gedanken sind. Ihre Gedanken sind nicht Ihr bewusstes Sein. Auf diese Weise gelingt es leichter, Abstand von Mustern, Bewertungen und wiederkehrenden Gedanken zu bekommen.

Lassen Sie Ihre Gedanken einfach ziehen, wie Wolken am Himmel, die der Wind weiterträgt, die sich auflösen.

Inspirationsquelle **Buddhismus**

Das Bauch-Chakra stärken

Patanjali, der indische Gelehrte und Verfasser der bis heute vollständig überlieferten Yoga-Sutras, schreibt: »Durch achtsame Konzentration auf das Nabel-Chakra (Zentrum) kommt Wissen um Aufbau, Struktur und Bedürfnisse des Körpers.« Indem man sich voll und ganz auf den Bauch konzentriert, gewinnt man einen Zugang zu seinem Bauchgefühl, seiner inneren Intelligenz.
Legen Sie sich entspannt auf den Rücken und schließen Sie Ihre Augen. Reiben Sie Ihre Handflächen aneinander, bis sie warm sind.
Legen Sie Ihre linke Hand kurz unterhalb des Nabels auf Ihren Bauch und Ihre rechte Hand darüber.
Atmen Sie langsam in den Bauch hinein. Spüren Sie, wie er sich beim Einatmen hebt und dehnt und beim tiefen Ausatmen wieder flach wird. Atmen Sie sieben Mal in Ihrem Atemrhythmus und lassen Sie bei jedem Einatmen eine goldfarbene Energie durch Ihre Handflächen in Ihr Nabel-Chakra strömen.
Beim Ausatmen verteilt sich die mit goldfarbenem Licht erfüllte Energie im ganzen Körper.
Legen Sie Ihre Arme zur Seite und spüren Sie nach.

Was wir aus dem Buddhismus lernen können

Als ich mich anfänglich mit Buddhismus beschäftigte, hatte ich oft den Eindruck, dass es dort nur um Leiden und das Überwinden von Leiden geht. Im Laufe der Zeit gelangte ich besonders durch die beiden Lehrer Thich Nhat Hanh und Karl Riedl zu einem viel differenzierteren Bild und zu sehr praktischen Handlungsanweisungen für ein erfülltes und glückliches Leben.

DIE WEISHEIT DES BAUCHGEFÜHLS

Das Pali-Wort »*dukkha*« bedeutet eigentlich so viel wie: Das Rad läuft unrund auf der Nabe. Wenn also das Rad meines Wagens unrund läuft, was ist zu tun? Ganz einfach: Absteigen, nachschauen, warum es unrund läuft, es wieder geraderichten oder reparieren. Und dann kann ich freudvoll weiterfahren.

dukkha und sukha

Das Pali-Wort dukkha steht für Leiden, Kummer und Elend. Sukha steht für Wohlsein, Behagen und Glück. Im übertragenen Sinne bedeutet dukkha das Dem-Leid-unterworfen-Sein, persönliche Unzulänglichkeit, Elend, Übel, Schmerz, Verletzung, Unbefriedigtheit: also alle negativen Erfahrungen, die von Verlangen und Ego begleitet werden. Es heißt, die Geburt ist dukkha, Altern ist dukkha, Tod ist dukkha; Sorgen, Trauer, Schmerz, Unwohlsein sind dukkha; zusammen zu sein mit dem, was man nicht liebt, ist dukkha; getrennt zu sein von dem, was man liebt, ist dukkha; nicht zu bekommen, was man sich wünscht, ist dukkha. Selbst das Glücksgefühl, sukha, führt aufgrund seiner Vergänglichkeit immer wieder zu Leiden, also dukkha.

Konkret heißt das zum Beispiel: Wenn du Unruhe in dir wahrnimmst und ruhiger sein möchtest, tue etwas, was dazu führt, dass du ruhiger wirst, zum Beispiel eine kurze Atemmeditation.

Gerade das permanente Unrund-Laufen, die permanente Unruhe in uns, hindert uns daran, mit unserem Bauch, unserer Seele und unserem Herzen in Kontakt zu kommen und in einer Balance von Kopf und Bauch die wirklich relevanten Botschaften hinter unseren Problemen wahrzunehmen. Daher ist es unendlich wichtig, innerlich zur Ruhe zu kommen und achtsam zu sein.

Inspirationsquelle **Buddhismus**

Achtsamkeitsmeditation

Meditation ist ein Begriff aus dem Lateinischen und bedeutet so viel wie »Ausrichtung zur Mitte«. Das indische Wort für Meditation ist gleichbedeutend mit »Üben«. In der Meditation kann man mit stetiger Übung die Fähigkeit entwickeln, bewusst zu sein und sich auf die eigene Mitte sowie auf das Hier und Jetzt zu sammeln. Der Atem kann dabei ein Ankerpunkt sein, auf den man immer wieder zurückkommt, wenn einen Gedanken ablenken. Meditieren bedeutet im Grunde nichts anderes, als sich aus dem sich ständig drehenden Gedankenkarussell zu befreien. Das klärt den Geist und führt zu innerer Wachheit und Klarheit.

Ziehen Sie sich in einen ruhigen Raum zurück und stellen Sie sich einen Wecker auf zehn Minuten. Setzen Sie sich entweder mit geradem Rücken auf einen Stuhl, die Füße nebeneinander am Boden, oder im Lotussitz oder einer Ihnen angenehmen Haltung auf ein Sitzkissen. Halten Sie die Augenlider halb geschlossen. Legen Sie Ihre nach oben geöffneten Hände auf Ihren Oberschenkeln ab. Spüren Sie den Raum um sich herum. Lauschen Sie auf die Geräusche, die Gerüche. Richten Sie Ihre Aufmerksamkeit auf Ihren Atem und sein natürliches Ein- und Ausströmen. Wenn ein Gedanke kommt, stellen Sie einfach fest: ein Gedanke – und lassen ihn wieder ziehen. Denken Sie beim Einatmen: »Einatmend weiß ich, dass ich einatme« und beim Ausatmen: »Ausatmend weiß ich, dass ich ausatme.« Damit ist Ihr Geist beschäftigt und tut dennoch nichts anderes als wahrnehmen.

Achtsamkeit ist auch ein wundervoller Weg, wie wir (wieder) Zugang zur Stimme unseres Herzens, Zugang zu unserer Intuition erhalten. Einer meiner Freunde, dessen innere Ruhe und Gelassenheit im Alltag ich sehr bewundere, schilderte mir einmal seine Lebensphilosophie: »Ich mache das wie ein Büschel hohes Gras:

Wenn starker Wind aufkommt, bin ich weich und beweglich, gebe nach, anstatt dagegen anzukämpfen und abzubrechen. Nach dem Sturm richte ich mich einfach wieder auf.« Intuitiv passt er sich den Stürmen des Lebens an und lässt sich auf sie ein, anstatt sich gegen sie zu wehren. Übertragen bedeutet das, dass wir angesichts von Leiden oder Problemen, die auftreten mögen, nicht erstarren, sondern uns ganz im Gegenteil intuitiv und weich auf die Situation einlassen. Dieses Sich-Einlassen können wir üben. Auch hier ist uns der Buddhismus eine ständige Quelle der Inspiration.

Gehmeditation

Eine ausgezeichnete Achtsamkeitsübung für den Alltag ist die Gehmeditation. Wir gehen jeden Tag viel, aber meistens ist dies ein Eilen und Hetzen. In der Gehmeditation ist unser Ziel nur das Gehen selbst, nicht das Ankommen. Im Sanskrit gibt es den Begriff »apranihita«, der so viel wie Wunschlosigkeit oder Ziellosigkeit bedeutet, im Sinne von »nicht irgendwelchen Vorstellungen nachlaufen«. So soll die Gehmeditation sein. Erfreuen Sie sich einfach am Gehen, ohne bestimmtes Ziel oder Absicht. Sie gehen allein um des Gehens willen.

Eine Gehmeditation können Sie überall praktizieren. Tun Sie dabei jeden Schritt ganz bewusst. Gehen Sie langsam. Beobachten Sie Ihren Atem. Wie viele Schritte passen auf Ihr Einatmen und wie viele auf Ihr Ausatmen? Bleiben Sie dabei in Ihrem natürlichen Atemrhythmus und zählen Sie achtsam Ihre Schritte, zum Beispiel: zwei Schritte beim Einatmen und drei Schritte beim Ausatmen.

Das achtsame Gehen macht Ihr Leben wirklich und erfüllt es mit Frieden. Warum sollten Sie immer eilen? Erfreuen Sie sich mit jedem Schritt an Ihrem Leben. Jeder Schritt bringt Sie ganz ins Hier und Jetzt.

Inspirationsquelle **Buddhismus**

Alternativen jenseits des Verstandes

Wie Sie sehen, bietet der Buddhismus einen gut gangbaren Weg, dem Grundrauschen zu entkommen, das unser Kopf und unsere Gedanken unentwegt produzieren. Dieser rastlose, pausenlos quatschende Geist, der ständig wertet, urteilt und kommentiert, legt einen Schleier über unsere Wahrnehmung. Wir können dann die Stimme unseres Bauches nicht mehr hören, sind nicht mehr bei uns, sind nicht mehr im Hier und Jetzt.

Meditation oder Qi Gong (siehe Kapitel 5) sind gute Methoden, um den Geist zur Ruhe zu bringen und wieder in Fluss zu kommen. Leider muss bei vielen Menschen erst eine Katastrophe eintreten, bevor sie das tiefe Bedürfnis nach Klarheit und Authentizität wahrnehmen. Dieses Bedürfnis, das uns zeigt, was und wer wir wirklich sind, was wir wirklich wollen.

Ich kenne kaum einen Menschen, dem sein Lebensentwurf nicht irgendwann einmal entglitten ist. Das liegt unter anderem daran, dass Entwürfe oder Zielsetzungen für ein sogenanntes geglücktes Leben oft nur im Kopf entstehen und nur auf den intellektuellen Fähigkeiten dieser Instanz gründen.

Protokoll

Die Geschichte von Sybille M.

Sybille M., 57 Jahre: Bei mir war es ein langer Weg zur regelmäßigen Meditationspraxis. Ich war Lehrerin für Deutsch und Französisch am Gymnasium. Auch mein damaliger Lebensgefährte war Lehrer, und wir wurden von den Schülern und im Kollegium sehr geschätzt. Die Beziehung ging nach sieben Jahren auseinander, da ich mich nicht mehr wohlfühlte und mich in einen jüngeren Theaterregisseur verliebte. Es blieb bei einer kurzen Affäre; danach hatte ich zwei längere Beziehungen mit verheirateten Kollegen. Beruflich ging es mir weiterhin gut, ich wurde befördert und lebte ein gutes Leben mit schönen Reisen, kulturellen Events und einem anregenden Freundeskreis. Was jahrelang fehlte, war jedoch die große Liebe. Die traf ich dann in einem Urlaub mit Freunden. Er war ein wohlhabender Geschäftsmann, der in Singapur lebte. Wir sahen uns an Wochenenden und in einem Kurzurlaub. Es war herrlich, ich träumte mich in eine wunderbare Beziehung an aufregenden Orten in einem exquisiten Umfeld. Als ich mich zum Umzug bereit machte und mich am Goethe-Institut in Singapur bewarb, beendete er die Beziehung. Ich hatte schon vorher regelmäßig Alkohol getrunken: zum Mittagessen ein, zwei Gläser Wein, dann am Schreibtisch ein Bier, vor dem Abendessen einen Aperitif und so fort. Nach der Trennung begann ich schon morgens zu trinken, hatte überall in der Wohnung, auch in der Schule Depots, um mich zu versorgen, wenn der Pegel sank. Die Schüler bemerkten das bald; zuerst ging man rücksichtsvoll mit mir um, dann begann das Mobbing. Kollegen waren genervt, da sie mich oft vertreten mussten. Ich kam mit den Korrekturen nicht mehr hinterher, Eltern beschwerten sich bei der Schule, wenn ihre Kinder mich als Fachlehrerin bekamen. Nach einem Nervenzusammenbruch vor einer Klasse ging ich in eine Klinik zur Entgiftung. Hier nahm ich an einer Gruppentherapie teil und lernte zu meditieren. Nach dem Klinikaufenthalt blieb ich bei der Meditation und zog mich auch regelmäßig in buddhistische Meditationszentren zurück, um die Praxis zu vertiefen. Nach einigen Monaten wurde ich frühpensioniert, da ich im Schuldienst wieder rückfällig wurde. Nach einer zweiten Entgiftung war ich endgültig bereit, mein Leben wieder in die Hand zu nehmen. Ich ließ mich zur Meditationslehrerin ausbilden und betreue heute ehrenamtlich ehemalige Suchtkranke. Außerdem gebe ich Migrantenkindern unentgeltlich Deutschunterricht. Das bereitet mir große Freude. Jeden Morgen und jeden Abend gehe ich in die Stille und freue mich über dieses Geschenk der Klarheit. Ich bin heute ein erlöster Mensch.

Inspirationsquelle **Buddhismus**

Wieder auf die richtige Stimme hören

Vieles, was man sich rational nicht erklären kann, schiebt man gern in eine nicht ernst zu nehmende, esoterische oder sogar unseriöse Ecke. Dabei gibt es viele Beispiele für dieses tiefe Gespür im eigenen Inneren. Es gibt Mütter, die spüren, dass es ihrem Kind – das sich gerade viele Kilometer entfernt aufhält – gerade nicht gut geht oder es einen Unfall hatte. Oder nehmen wir das Beispiel, wie ich meine ehemalige Lebensgefährtin Lucie kennenlernte. Im Frühjahr 2003 überfiel mich immer öfter das Gefühl, dass ich unbedingt zu einem ganz bestimmten Segelflug-Wettbewerb fahren müsste. Seltsamerweise handelte es sich aber um die Damen-Segelflugweltmeisterschaft im 700 Kilometer entfernten tschechischen Jihlava, an der eben nur Damen teilnehmen durften. Und trotzdem zog es mich magisch dorthin. Ich fragte mich ernsthaft, was denn der Grund dafür sein könnte, scannte im Geist alle Teilnehmerinnen durch und ... fand nichts. Ich erkannte keinen Grund für dieses ganz intensive Gefühl. Und auch an den Wettbewerbstagen entdeckte ich kein Indiz dafür, warum ich mich, meiner inneren Stimme folgend, auf diese lange Reise gemacht hatte. Bis zum Abschlussessen, als ich plötzlich einen Blick von der Seite spürte und kurz danach in ihre Augen schaute ...

Balance zwischen Bauch und Kopf finden

Es würde uns westlichen Menschen guttun, wieder mehr auf unseren Bauch zu hören. Das bedeutet nicht, dass man von einem Extrem ins andere kippen und seinen Kopf zum Schweigen bringen muss. Ganz im Gegenteil: Es geht darum, in jeder Situation eine Balance von Kopf und Bauch zu finden. Aber wann verlässt man sich lieber auf seine Intuition, wann auf die Fakten? Wann folgt man seinem Gefühl, wann seinem Wissen?

Man kann sich diesen Entscheidungsprozess so vorstellen, als säße man an einem Regler, an dessen einem Ende »Kopf« und am anderen »Bauch« steht. Damit lässt sich dann einstellen, welcher Anteil an einer Entscheidung dem Kopf zukommt und welcher dem Bauch. Man schiebt den Regler je nach Situation in die eine oder andere Richtung. Es gibt keine Reglereinstellung, die für alle Menschen gleichermaßen gilt, und es gibt keine Einstellung, die pauschal Gültigkeit für alle Lebenssituationen hat, die einem einzelnen Menschen im Leben begegnen. Der Regler ist vielmehr immer in Bewegung. Mehr dazu erfahren Sie in Kapitel 4, wenn es um konkrete Problemlösungen geht.

Sich auf sein Gefühl einlassen

Wahrscheinlich tendiert der Regler trotz allem in den meisten Fällen eher in Richtung Bauch, also zur Stimme des Herzens. Denn der Kopf hat ständig Ausflüchte und Einwände; er ist geprägt von der Erziehung und der Gesellschaft und häufig seiner Freiheit beraubt.

Aber wie finde ich letztendlich die richtige Balance in einer schwierigen Situation? Die Antwort liegt darin, es wie ein Kind zu machen: nämlich herumzuspielen und auszuprobieren. Den Schalter von Kopf Richtung Bauch schieben und wieder zurück, und dann wieder ein bisschen hin und ein bisschen her. Irgendwann fühlt es sich dann richtig an. Ich selbst glaube fest daran, dass eine gewisse Bauchlastigkeit angesichts einer Problem- oder Entscheidungssituation erfolgversprechender ist, weil fast jeder Mensch hier über mehr Ressourcen in Form von Erfahrungen, Neigungen und unbewussten Stärken verfügt als im Kopf. Wie Sie diese Art der Wahrnehmung verstärken können, erfahren Sie im nächsten Kapitel.

Die Problem-(auf)lösung

Wie teilt sich Intuition mit? Sie wissen bereits, wie Ihr Bauch zu Ihnen spricht. Sie kennen das mulmige Gefühl, wenn etwas Unangenehmes bevorsteht. Und Sie kennen sicher auch das Kribbeln von Vorfreude oder die Schmetterlinge im Bauch. Das sind »allgemeingültige« Empfindungen, die jeder Mensch kennt, und sie dienen uns als Kompass für den Alltag.

Doch unsere innere Stimme, unsere Intuition teilt sich auch über andere Kanäle mit. Ein Bauchgefühl muss dabei nicht unbedingt auch ein Gefühl sein, das tatsächlich im Bauch spürbar ist. Es kann sich auch anders äußern. Der Begriff Intuition leitet sich aus dem Lateinischen »intueri«, also »schauen« ab, und bedeutet so viel wie Anschauung. Diese ist per se an unsere Sinnesorgane gebunden. In der Intuition sind zudem eine Vielzahl von Erfahrungen versammelt, die wir im Lauf unseres Lebens machen. Diese können in Entscheidungs- oder Problemsituationen eine ungeheure Wirkung entfalten, wenn wir lernen, uns darauf einzulassen.

DIE PROBLEM-(AUF)LÖSUNG

WAHRNEHMEN, WAS IST

Eine wesentliche Voraussetzung für eine gelungene Problemlösung ist die Feststellung des eigenen Wahrnehmungstyps. Hierbei orientiere ich mich an der Definition von Wahrnehmung im NLP (Neurolinguistisches Programmieren). Diese Methode lernte ich noch zu meiner Zeit als aktiver Segelflieger kennen und schätzen. Schon Ende der Achtzigerjahre besuchte ich mein erstes NLP-Seminar und gewann hier faszinierende Einsichten. Ich lernte dabei vor allem, die Phänomene Wahrnehmung und Kommunikation in einem neuen Licht zu betrachten.

Wie bei anderen psychologischen Ansätzen geht man auch im NLP davon aus, dass Symptome menschlichen Verhaltens durch innere Prozesse ausgelöst und strukturiert werden. Innere Prozesse und äußere Wahrnehmungen stehen in einem gegenseitigen Zusammenhang. Grundannahme ist die Auffassung, dass der sprachliche oder gedachte sprachliche Ausdruck (der sogenannte »innere Dialog«), die Gedanken und das Körpergefühl eines Menschen das subjektive Wahrheitsempfinden dieses Menschen bestimmen. Dieses Empfinden stellt demnach einen Ausdruck innerer Modelle dar, mit deren Hilfe ein Mensch gedankliche Abbilder, sogenannte »innere Landkarten« seiner Umwelt entwirft, um sich zu orientieren. Sie stehen in direktem Zusammenhang mit seinem Weltbild.

Wie wir unsere Welt sehen

Unter Wahrnehmung versteht man im NLP alles, was wir über unsere fünf Sinne aufnehmen. Dabei nehmen unsere Augen (**v**isuell), unsere Ohren (**a**uditiv), unsere Haut und die Wahrnehmungsrezeptoren unseres Körpers (**ki**nästhetisch), unsere Nase (**o**lfaktorisch) sowie die Geschmackspapillen der Zunge (**g**ustatorisch) immer nur einen kleinen Teil der Wirklichkeit auf.

VAKOG

Die fünf Kommunikationskanäle werden mit VAKOG (visuell – auditiv – kinästhetisch – olfaktorisch – gustatorisch) abgekürzt. In der Regel werden ein oder zwei Sinneskanäle bevorzugt verwendet. Hierbei handelt es sich sehr oft um die Kombination aus visuellen und auditiven oder aus kinästhetischen und visuellen Repräsentationen. Die Theorie der sogenannten Lerntypen gründet auf dieser Einteilung.

Diesen leiten sie dann als elektrische Impulse an unser Gehirn weiter. In diesen Impulsen »erkennt« unsere Steuerzentrale im Kopf bestimmte Muster. Schall beispielsweise wird also zuerst in elektrische Impulse und dann in Worte und Sätze umgewandelt, Farben, Muster und Strukturen in Bilder. Nach diesen Veränderungen werden die Daten in unserem Gehirn weiterbearbeitet, indem sie unsere ganz persönlichen, individuellen Filter durchlaufen. Diese gründen auf unseren Glaubenssätzen, unseren Werten und inneren Mustern, die wir im Lauf des Lebens angenommen haben.

Wir errichten also eine durch unsere Sinne wahrgenommene Welt und erschaffen eine eigene Wirklichkeit. Dabei entstehen innere Bilder, Klänge und Gefühle. Diese inneren Erlebniswelten steuern unser Denken, Fühlen und Verhalten. So verschieden wir sind, so verschieden reagieren wir auch auf unterschiedliche Sinnesreize und so unterschiedliche Bilder und Gefühle entstehen in jedem von uns.

DIE PROBLEM-(AUF)LÖSUNG

Meine Welt, deine Welt

Wir alle haben also von unserer Wirklichkeit oder der Welt, in der wir leben, eine bestimmte Landkarte im Kopf. Diese ist, so sind wir zunächst überzeugt, deckungsgleich mit der anderer Menschen. In Wirklichkeit handelt es sich dabei zwar um dieselbe Landschaft, die abgebildet ist, die Landkarten selbst unterscheiden sich aber von Mensch zu Mensch erheblich. Denn jeder von uns hat sein eigenes Bild von der Welt im Kopf. Und in dieser Welt bewegen wir uns auf der Grundlage unserer ganz individuellen inneren Landkarte.

Jeder von uns kann lernen, seine persönliche Karte in Worte und Begrifflichkeiten zu fassen und so Missverständnisse zu vermeiden und sich anderen verständlich mitzuteilen. Dazu gehört es auch, zu akzeptieren, dass jeder Mensch ein anderes Weltbild hat. Nicht jeder tickt eben so, wie wir selbst ticken.

Mir hat NLP zum einen dabei geholfen, mich geistig besser zu fokussieren, und zum anderen, bestimmte Verhaltensmuster – die eigenen und die anderer Menschen – zu deuten, besser zu verste-

Die 5 Sinne

Wir nehmen alle Informationen aus unserer Umwelt über unsere Sinne auf:

Sehen = visuell
Hören = auditiv
Spüren/Fühlen = kinästhetisch
Riechen = olfaktorisch
Schmecken = gustatorisch

hen und deshalb auch besser damit umzugehen. Man kann sein Kommunikationsverhalten umstellen und dem anderer Menschen anpassen, sodass auf einer unbewussten »Bauch«-Ebene eine tiefer gehende Beziehung, ein authentischer Austausch stattfinden kann.

Welcher Wahrnehmungstyp bin ich?

Natürlich bedienen wir uns in aller Regel in jeder Lebenssituation, sei sie nun kritisch oder weniger kritisch, aller unserer Sinne. Trotzdem bildet fast jeder Mensch ein Sinnessystem besonders stark aus, auf das er sich dann sein ganzes Leben lang verlässt und das ihm Sicherheit bietet. Jeder von uns besitzt also einen oder zwei bevorzugte Aufnahmekanäle, die in bestimmten Situationen greifen.

Der visuelle Typ

Etwa 40 Prozent aller Menschen sind, was ihren Wahrnehmungstyp anbelangt, eher visuell ausgerichtet. Menschen, die in diese Gruppe fallen, verarbeiten Informationen aus ihrer Umwelt vor allem in Bildern. Natürlich merkt sich jeder Mensch Bilder oder träumt auch in Bildern, bei diesem Typus ist dieser Wahrnehmungskanal jedoch besonders stark ausgeprägt. Er ist auch daran zu erkennen, dass er sich bei Interesse oder Desinteresse folgendermaßen ausdrückt: »Davon kann ich mir (k)ein Bild machen.« »Ich sehe (nicht direkt), was Sie meinen.« »Das kann ich mir sehr gut vorstellen.« »Ich muss das erst einmal unter die Lupe nehmen.« »Ich bilde mir ein, das schon einmal gesehen zu haben.«

Diese Menschen richten ihren Fokus auf Gestalt, Farbe und Struktur von Objekten und gewissermaßen auch von Menschen; sie lernen sehr schnell, wenn man ihnen entsprechendes Bildmaterial und visuelle Reize zur Verfügung stellt; reines Zuhören liegt ihnen

DIE PROBLEM-(AUF)LÖSUNG

weniger, weil es sie leicht ermüdet und langweilt. Sie stellen sich Situationen bildlich vor, zum Beispiel, wenn ihnen jemand etwas erzählt oder mitteilt. Wenn sie selbst anderen etwas erklären, stehen ebenfalls Bilder im Vordergrund. Bei vielen visuell veranlagten Menschen entstehen im Kopf nicht nur Bilder, sondern ganze Filme, das sogenannte »Kopfkino«.

Weil ihre inneren Bilder sie allzu leicht aus der Realität davontragen, tun sie sich schwer damit, sich länger auf etwas zu konzentrieren. Visuelle Wahrnehmungstypen haben daher immer etwas leicht Abwesendes, Verträumtes. Es sind vor allem Frauen, die sich auf ihre Augen verlassen.

Visueller Typ

Susa B. erzählte mir im Rahmen eines Seminars, sie sehe in Situationen, die wichtige Entscheidungen erforderten, immer ihre Großmutter. Lange war sie ratlos, was ihr diese in der Situation mitteilen wollte. Wir überlegten gemeinsam, für was die Großmutter wohl in ihrem Leben stünde. Was wollte ihr die Großmutter sagen? Schließlich kam Susa B. darauf, dass ihre Großmutter ein Mensch war, der immer für andere da war und sich selbst dabei völlig verbog und aus den Augen verlor. Dieses Bild machte sie sehr betroffen, weil sie darin ein auch bei ihr immer wiederkehrendes Verhaltensmuster erkannte. Übersetzt bedeutete diese visuelle Wahrnehmung für sie: Willst du dich in dieser Entscheidungssituation auch so verbiegen wie die Großmutter? Oder bleibst du lieber bei dir? Auf diese Weise lernte sie, die Stimme ihres Herzens richtig zu übersetzen und sich aus dem alten Muster zu lösen. Es gelang ihr leichter, in wichtigen Situationen ihre eigenen Bedürfnisse »im Blick zu behalten«.

Der auditive Typ

Etwa 20 Prozent aller Menschen gehören zu dieser Gruppe. Diese Menschen reagieren sehr stark darauf, wie sich ihr Umfeld »anhört«; sie achten beispielsweise sehr genau auf den Tonfall einer Stimme, sind häufig musikalisch und verfügen über einen großen Wortschatz. Auch sind diese Menschen meist sehr redegewandt und können ihre Empfindungen gut in Worte fassen. Zu den Stärken des auditiven Typs gehört es auch, intensiv und aktiv zuhören zu können. Diese Menschen haben gewissermaßen ein »fotografisches Gedächtnis« für Gespräche und können diese oft wortwörtlich rekapitulieren. Andererseits sind sie aber auch oft sehr geräuschempfindlich und reagieren allergisch auf Neben- oder Hintergrundgeräusche. Wenn ihnen etwas gefällt oder nicht gefällt, äußern sie sich vielleicht wie folgt: »Das hört sich aber (nicht) gut an!« oder »Das klingt in meinen Ohren aber (nicht) gut« oder »Da klingeln mir die Ohren«. Männer finden sich häufiger im auditiven Wahrnehmungstyp wieder als Frauen.

Auditiver Typ

Sebastian K. kennt seine innere Stimme gut. Er hat einen guten Kontakt zur Stimme seines Herzens. Denn sie warnt ihn unüberhörbar mit einem schrillen, lauten »Nein!«, wenn er dabei ist, etwas zu tun, mit dem er eigentlich nicht einverstanden ist. Er schildert diese Stimme wie ein Monster aus einem Horrorfilm, empfindet aber maximale Sicherheit, wenn er darauf hört und entsprechend reagiert, und ist mittlerweile sehr zufrieden mit seinem körpereigenen Warnsystem.

DIE PROBLEM-(AUF)LÖSUNG

Der kinästhetische Typ

Zu dieser Gruppe gehören etwa 40 Prozent der Bevölkerung. Solche Menschen neigen eher zu einer langsameren, bedächtigeren Sprechweise. Sie wirken nachdenklich, dabei hören sie einfach oft in sich hinein und klopfen ihre Gefühle ab, bevor sie sich zu einer Angelegenheit äußern.

Kinästhetische Menschen sind einfühlsam und haben ausgeprägte Sensoren, um Situationen zu erspüren. Ihnen fällt es besonders leicht, ihre Entscheidungen aus dem Bauch heraus zu fällen. Wenn sie sich an bestimmte Situationen erinnern, dann tun sie das nicht, indem sie auf ein Bild zurückgreifen, sondern auf die Gefühle, die sie damit verbinden. Ein Kinästhet spürt alles, was unter die Haut geht. Typisch für ihn ist auch, dass er im Gespräch oft »auf Tuchfühlung« geht und sein Gegenüber intuitiv berührt. Er selbst hat

Kinästhet

Matthias H. ist ein kinästhetischer Typ. Er stellte wiederholt fest, dass sich immer dann, wenn er mit bestimmten Entscheidungen in heiklen Situationen konfrontiert war, sein Magen regelrecht verkrampfte. Er fühlte sich dann sehr unwohl und war anschließend entsprechend gereizt. Wenn ihm in einer solchen Situation ein Kollege oder ein Familienmitglied begegnete, kam es fast immer zu Auseinandersetzungen. Der Grund dafür war die Tatsache, dass er die unguten Gefühle, die ihn bei diesen Entscheidungen begleitet hatten, immer ignorierte, was dazu führte, dass seine Nerven blank lagen. Matthias H. lernte, die Stimme seines Bauches ernst zu nehmen, und stellte im Nachhinein fest, dass sich viele der Entscheidungen, die er auf dieser Gefühlsbasis traf, als äußerst positiv erwiesen.

auch einen ausgeprägten Sinn für Körpersprache. Diese Menschen sind gut in der Lage, über ihre Gefühle zu sprechen, und äußern sich dabei sehr differenziert. »Das passt für mich nicht«, »Dabei habe ich (k)ein gutes Gefühl« oder »Bei dem Gedanken fühle ich mich (nicht) wohl« sind typische Sätze für Kinästheten.

Der gustatorische Typ

Beim gustatorischen Wahrnehmungstyp ist der Geschmackssinn der bevorzugte Sinn. Oft ist das gustatorische Wahrnehmen mit dem olfaktorischen verknüpft und entsprechend selten. Beide Wahrnehmungskanäle gehören im Gegensatz zum Hören oder Sehen zu den Nah- oder Basissinnen, die weitgehend unbewusst arbeiten. Menschen, die ihre Umwelt verstärkt über den Geschmackssinn wahrnehmen, bringen ihre Vorlieben und Abneigungen im Gespräch beispielsweise so zum Ausdruck: »Die Sache schmeckt mir (nicht)« oder »Das macht mich sauer«.

Der olfaktorische Typ

Wer einen sensiblen Geruchssinn besitzt, gehört wahrscheinlich zu den olfaktorischen Wahrnehmungstypen. Diese nehmen ihre Umwelt bevorzugt übers Riechen wahr und können den Duft von frisch gemähtem Rasen, köstlichem Kuchen oder einer frischen Brise an der See intensiver genießen als andere. Frauen verfügen im Allgemeinen über ein besseres Geruchsvermögen als Männer, weshalb olfaktorische Wahrnehmungstypen meist weiblich sind. Diese Menschen besitzen die Fähigkeit, Gerüche und Aromen mit Erinnerungen und Gefühlen zu assoziieren. Gerüche können dabei erregen, beruhigen, Hunger oder Übelkeit auslösen. Dieser Wahrnehmungstyp ist allerdings relativ selten, weil sich die meisten Menschen vor allem auf ihren visuellen, auditiven oder kinästheti-

DIE PROBLEM-(AUF)LÖSUNG

Leitsystem und Repräsentationssystem

Die Frage: »Erinnerst du dich noch an deinen letzten Urlaub?« kann bei Menschen beispielsweise zuerst ein Gefühl der Wärme auslösen. Danach können vor dem inneren Auge dann auch Bilder auftauchen. In diesem Fall ist das kinästhetische Repräsentationssystem das Leitsystem, mit dem man zuerst die Erinnerung hervorruft und dann intern visuell (womöglich bevorzugt) repräsentiert.

schen Sinn verlassen und ihre Umwelt nur unbewusst mit der Nase wahrnehmen. Olfaktorische Typen erkennt man auch daran, dass sie etwas »stinklangweilig« finden, ihnen etwas »stinkt«, sie jemanden »nicht riechen können« oder dass etwas »nach Ärger riecht«.

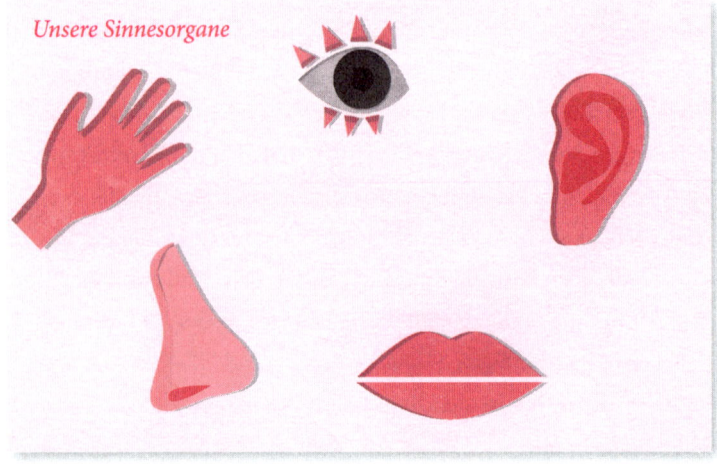

Unsere Sinnesorgane

Wahrnehmen, was ist

Welcher Wahrnehmungstyp sind Sie?

Lesen Sie sich die folgenden Begriffe durch und ordnen Sie jedem von ihnen möglichst spontan und »aus dem Bauch heraus« eine Zahl zu. 1 steht dabei für visuell (sehen), 2 für auditiv (hören) und 3 für kinästhetisch (erspüren). Ein Beispiel: Wenn Sie bei dem Begriff »Katze« spontan einen niedlichen Schmusetiger vor Augen haben, schreiben Sie bitte eine 1 für »visuell« auf. Kommt Ihnen dabei sofort ein Maunzen in den Sinn, dann ist die 2 die richtige Ziffer. Können Sie stattdessen aber das weiche Fell spüren, dann passt für Sie die 3.

Sonne ○	Berge ○	Ball ○
Wind ○	Baum ○	Baby ○
Regen ○	Bambus ○	Bleistift ○
Schlange ○	Libelle ○	Luftmatratze ○
Alufolie ○	Amsel ○	Rose ○
Seidenpapier ○	Honig ○	Quelle ○
Meer ○	Computer ○	Eis ○

Auswertung:
Zählen Sie, wie oft Sie welche Zahl notiert haben. Die Zahl, die Sie am häufigsten aufgeschrieben haben, steht für Ihren Wahrnehmungstyp. Wenn Sie zwei Zahlen gleich oder fast gleich oft aufgeschrieben haben, sind Sie ein Mischtyp. Das ist relativ häufig und bedeutet, dass Sie in unterschiedlichen Situationen empfänglich für verschiedene Wahrnehmungskanäle sind. Das kann sich zum Beispiel darin zeigen, dass Sie im Alltag eher ein »Ohren«-Mensch sind, sich aber in anderen Situationen, etwa wenn Sie entspannt sind, eher als visueller Typ erweisen.

DIE PROBLEM-(AUF)LÖSUNG

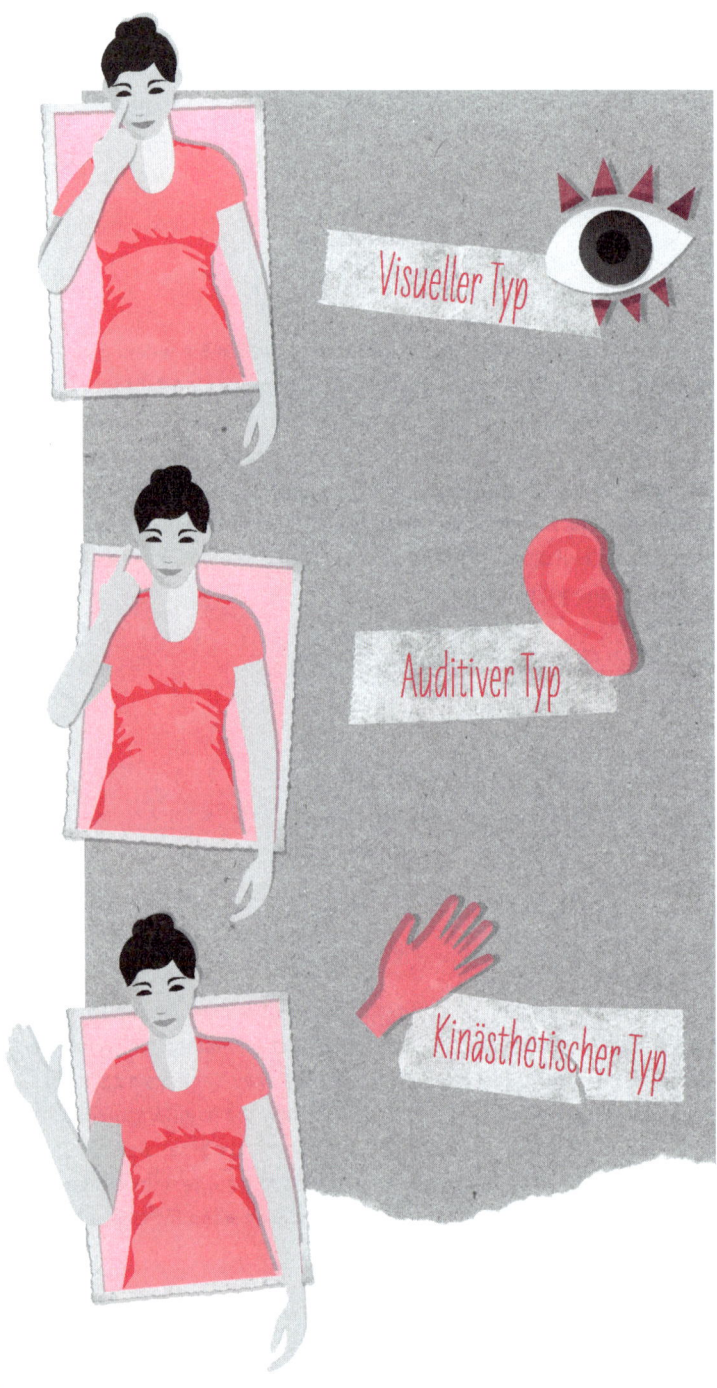

Lernen Sie sich kennen

In meiner Anfängerzeit als Segelflieger begann ich, mich mit mentalen Trainings zu beschäftigen. Damals lag das Visualisieren von Zielsituationen voll im Trend. So versuchte ich mir vor einem Wettbewerb zum Beispiel intensiv vorzustellen, wie ich auf dem Siegertreppchen stehe. Das Dumme dabei war nur, dass mir diese inneren Bilder nie recht gelingen wollten. Als ich mich später näher mit NLP befasste, erfuhr ich, dass ich ein Mensch bin, der Dinge vor allem (er)fühlt, also ein Kinästhet. Deswegen konnte das mit den inneren Bildern nicht funktionieren, sosehr ich mich auch bemühte. Also änderte ich mein Mentaltraining entsprechend: Ich versuchte mir vorzustellen, wie ich mich fühlte, wenn ich auf diesem Treppchen stand. Wie ich mich fühlte, wenn ich mich im Aufwind befand oder wenn mir eine perfekte Steigung gelang. Das koppelte ich mit meinen auditiven Wahrnehmungsanteilen. Was hörte ich in dieser Zielsituation: tosenden Applaus, freudige Stimmen, anerkennende Worte. Und: Ja, ich war in dieser Zeit sehr erfolgreich in meinen Wettbewerben.

Die Stimme seines Herzens kennenlernen

Was bedeutet das im Hinblick auf unser eigentliches Thema, nämlich die Problemlösung? Wenn ich verlernt habe, auf die Stimme meines Herzens, meines Bauchs zu hören, und wieder zu ihr in Kontakt kommen will, dann ist es sinnvoll, sich auf den richtigen Kanal einzustellen und auf Empfang zu gehen.

Für viele Menschen ist die Stimme ihres Herzens oder Bauchs so leise, dass sie sie kaum hören. Die Sprache des Kopfes, des Verstandes hingegen ist für die meisten deutlich vernehmbar. Das heißt aber eben nicht, dass eine logisch anmutende Entscheidung oder Meinung unbedingt die richtige sein muss. Denn neben dieser vermeintlich einzig wahren Entscheidung oder Ansicht gibt es noch eine Menge weiterer Alternativen, die man oft gar nicht wahrnimmt – weil man sie nicht wahrnehmen will oder weil man verlernt hat, sie wahrzunehmen. Der unerschöpfliche Fundus an Alternativen wird erst dann wieder erkennbar, wenn wir es wagen, den Ballast von Gewohnheiten, Mustern und rationalen Erwägungen über Bord zu werfen, und Zweifel an der Stimme unseres Kopfes anmelden.

Ein Gedanke: Der Kompass des Herzens

Auch wenn unsere Sinnesorgane uns helfen, uns in der Welt zurechtzufinden und Entscheidungen zu treffen, so nehmen wir mit ihnen doch nur einen Teil unserer Umwelt wahr. Wenn es aber um tiefere Erkenntnisse, um das Erkennen des Wesens aller Dinge geht, ist es nicht immer gut, nur diesen Sinnen zu vertrauen. Denn sie können uns stets nur einen Teil der Welt darstellen.

Stellen Sie sich vor, Sie wären von einem Ihrer Sinne abgeschnitten. Wenn Sie ohne Ihren Seh-, Gehör-, Geschmacks- oder Tastsinn zurechtkommen müssten, würde in Ihnen als Gegengewicht eine größere Wachheit entstehen. Sie müssten alles mit Ihren anderen Sinnen erspüren und sich ganz auf Ihren inneren Kompass verlassen, den Kompass Ihres Herzens.

Und wie gelingt es Ihnen, das ganze Spektrum der verborgenen Möglichkeiten zu erkennen? Indem Sie Ihrem automatisierten Denken einen Riegel vorschieben und der Stimme Ihres Herzens, die sich über Ihre bevorzugten Wahrnehmungskanäle meldet, Spiel- und Resonanzraum schenken. Anstelle einer einzigen, kopfgesteuerten Lösung ergeben sich plötzlich unzählige Optionen. Wenn Sie aus dieser Perspektive dann noch einmal auf die Anfangssituation schauen, erkennen Sie gleich, dass es nicht nur diese »eine« Lösung gibt, sondern sehr viele verschiedene.

Wichtig ist hierbei, diejenige Variante zu finden, die Ihrer Persönlichkeit, Ihrer Lebenssituation und Ihren individuellen Fähigkeiten am ehesten entspricht. Damit kommen Sie nicht nur zu vielschichtigeren und intelligenteren Problemlösungen und Entscheidungen. Sie werden auch eine viel größere Zufriedenheit verspüren, weil Sie nicht mehr in den alten, beengenden Mustern feststecken, deren Sie vielleicht schon längst überdrüssig waren, ohne es zu merken.

Kopf und Bauch miteinander verbinden

Natürlich hat auch der Kopf seine Existenzberechtigung. Es ist ja keineswegs sinnvoll, vollkommen »kopflos« durch die Gegend zu steuern. Im Alltag stehen wir oft vor wichtigen Entscheidungen, von denen wir nicht wissen, wohin sie führen werden, weil ihre Konsequenzen in einer nicht vorherzusehenden Zukunft liegen. Alle wichtigen Parameter, die man dafür heranziehen kann, sind zusammengetragen, alle Argumente abgewogen. Und dann? Wie soll man sich jetzt entscheiden? Wem soll man folgen? Seinem Bauchgefühl oder dem, was der Kopf vorgibt? Ich bin überzeugt, dass sich die meisten Menschen gern anders entscheiden würden, als sie es tun. Sei es, weil sie nicht den Mut haben, auf ihren Bauch zu hören. Sei es, weil der Kopf ihnen sagt: »Wenn du dich so entscheidest, wie ich es für richtig halte, gehst du den richtigen, sicheren Weg.« Auch wenn der Bauch zehn Mal einwendet, dass man sich damit zwar für

DIE PROBLEM-(AUF)LÖSUNG

die Sicherheit, aber gleichzeitig auch gegen die eigene Natur, gegen die tatsächlichen Bedürfnisse oder die wirklichen Leidenschaften und Neigungen entscheidet.

Wir haben verlernt, auf unseren Bauch zu hören, weil wir den Kontakt zur eigenen Intuition verloren haben, wie es im Kindesalter noch ganz normal ist. Kinder leben im Hier und Jetzt, in dem Moment, auf den alles ankommt.

Für mich heißt Menschsein auch, dass ich bereits alle Ressourcen in mir trage, die ich zur Lösung eines Problems brauche. Mein Gehirn, aber auch mein Herz sprechen durch bestimmte Wahrnehmungskanäle zu mir. Beide Instanzen sind als Entscheidungshilfe auf der Reise durch mein Leben gleich wichtig, und keine sollte in einer kritischen Situation – bei einem auftretenden Problem – ohne die andere sein. Die Stimme meines Kopfes ist, besonders bei der Umsetzung der Lösungen, genauso wichtig wie die meines Herzens, die dagegen besonders in der Entscheidungsfindung viel rascher und effizienter ist als der Kopf. Und beide dürfen lernen, die Fähigkeiten des anderen anzunehmen und als Team gemeinsam zu meinem Wohle zusammenzuarbeiten. So steuern sie mich sicher an allen Klippen vorbei, die mir begegnen mögen.

Verstand und Bauch ins Gespräch bringen

Der Verstand spricht zu uns immer in Worten, unser Bauch oder unser Herz antwortet mit Gefühlen. Diese Tatsache nutze ich in meinen Seminaren und Coachings für einen Teambuilding-Prozess, der Herz und Hirn vereint. Dies wirkt in Problemsituationen extrem entlastend. Das Teambuilding erfolgt dabei in Form einer Art Gesprächsrunde zwischen den zwei Persönlichkeitsanteilen eines Klienten, nämlich dem Kopf auf der einen Seite und dem

Bauch auf der anderen. Der Klient nimmt dabei abwechselnd die Position seines Kopfes beziehungsweise seines Bauches ein. Ich als Coach moderiere und stelle entsprechende Fragen. Das Gespräch findet im Plauderton statt, wie zwei alte Freunde, die sich begegnen. Schließlich kennen Kopf und Herz einander schon sehr lange.

Ziel ist es, die jeweiligen Ängste, Sorgen und Bedenken jeder Instanz zur Sprache zu bringen und Missverständnisse auszuräumen. Dadurch wird es relativ rasch möglich, eine Atmosphäre des Vertrauens und der gegenseitigen Wertschätzung zu schaffen, in der Herz und Hirn gern zusammenarbeiten, zum Wohle ihres »Besitzers«.

Erst nach diesem Teambuilding macht es Sinn, sich dem aktuellen Problem zuzuwenden. Dabei wird die reine Verstandesebene zunächst verlassen, und man fokussiert immer wieder auf die Stimme seines Bauches und auf die in den verschiedenen Sinneskanälen auftauchenden Wahrnehmungen und Sinneseindrücke. So lernt man, sich das jeweilige Problem von innen statt wie gewohnt immer nur von außen anzusehen. Der Kopf fungiert hierbei anfangs als Beobachter, später im Prozess als Berater und nach der Phase der Problemlösung vor allem als Umsetzer. Denn beim zielgerichteten Umsetzen ist der Kopf der absolute Spezialist. Diese Methode ist ungemein hilfreich für Menschen, die zur Kopfsteuerung neigen – was in unserem Kulturkreis wohl auf die meisten zutreffen dürfte.

In meinen Coachings und Seminaren unterstütze ich die Teilnehmer bei diesem Prozess, indem ich Zwischenfragen stelle und dafür sorge, dass beide Seiten, Kopf und Bauch, gleichberechtigt zu Wort kommen. Das erleichtert die zunächst ungewohnte Situation. Sie können die Selbstbefragung im Rollenspiel aber gegebenenfalls auch allein durchführen.

DIE PROBLEM-(AUF)LÖSUNG

Wie Kopf und Bauch miteinander sprechen

1. Setzen Sie sich an einen Tisch mit vier Stühlen. Auf dem einen Stuhl nimmt Ihr »Bauch« Platz, auf dem anderen Ihr »Kopf«, auf dem dritten Sie selbst als Gesamtpersönlichkeit und auf dem vierten der Coach. (Wenn Sie die Selbstbefragung allein durchführen, benötigen Sie nur drei Stühle.) Alle Rollen werden nun abwechselnd von Ihnen gespielt. Je nachdem, wer im Gespräch an der Reihe ist, setzen Sie sich um.

2. Das Gespräch können Sie folgendermaßen beginnen: Die Gesamtpersönlichkeit sagt, an den Kopf gerichtet: »Ich bin gerade dabei, in mir eine zweite Wahrnehmungs- und Entscheidungsinstanz zusätzlich zu dir, lieber Kopf, zu entdecken. Ich nenne sie Herz und Seele. Ich wünsche mir, dass ihr gute Partner werdet und noch besser als bisher zu meinem Wohle zusammenarbeitet. Dazu, denke ich, ist es nötig, dass ihr einander richtig kennenlernt, eure Interessen, Ängste und Sorgen offen ansprecht.«

Nun werden einige mögliche Bereiche angesprochen. Zum Beispiel, dass der Kopf Angst davor hat, der Bauch wolle ihn zum Schweigen bringen. Zum Schweigen gebracht werden, das klingt so nach umgebracht werden, das möchte keiner, oder? Dabei wünscht sich der Bauch nur, dass man ihm zuhört, ohne dass der Kopf sofort beim Auftreten des ersten intuitiven Signals sagt: »So ein Schwachsinn!«

Und natürlich müssen auch die Ängste des Bauches angesprochen werden, der vielleicht fürchtet, vom Kopf bevormundet und unterdrückt zu werden. Eine ganz wichtige Frage, die der Coach relativ bald zu stellen hat, ist die, ob der Kopf möchte, dass es der Gesamtpersönlichkeit besser beziehungsweise richtig gut geht. Und ob der Bauch dasselbe möchte. Erst wenn Kopf und Bauch merken, dass sie dieselben Interessen haben, werden sie gern zusammenarbeiten.

3. Wenn Sie dieses Rollenspiel häufiger durchführen, lernen Sie sich nicht nur selbst besser und auf einer tieferen Ebene kennen. Kopf und Bauch

> lernen auch, jeweils die Welt der anderen Instanz zu verstehen. Dabei bekommt keine von beiden die Oberhand, sondern beide Instanzen unterstützen einander. Jeder bringt seine Stärken ein, der Bauch seine intuitiven Fähigkeiten, seine Übersicht und Wahrnehmungsweite, der Kopf seine Klarheit, Fokussiertheit und Struktur.

DAS GESCHENK ERKENNEN

Für tibetische Buddhisten ist die Bitte um ein gewisses Maß an Schwierigkeiten im Leben ein Bestandteil ihrer Lebensphilosophie, ihres Glaubens. Probleme – kleine wie große – dienen ihnen dazu, an ihnen zu wachsen, zu lernen und auf diese Weise ihre Spiritualität weiterzuentwickeln. Leben und Scheitern werden so zur echten Lebenskunst.

Jedem Menschen werden im Leben Steine in den Weg gelegt, dem einen öfter, dem andern seltener. Im Buddhismus heißt es allerdings auch, dass einem das Leben immer nur solche Aufgaben stellt, die man auch bewältigen kann. Und wenn man genau hinsieht, dann stellt sich selbst angesichts der schlimmsten Katastrophen fast immer heraus, dass diese zu meistern sind. Es gibt (fast) immer einen Ausweg, eine Lösung, auch wenn diese zunächst noch nicht sicht- und fühlbar ist.

Diese Erkenntnis zuzulassen ist für viele Menschen besonders schwierig, wenn eine Katastrophe ganz plötzlich über sie hereinbricht, ein Problem völlig unerwartet auftaucht. Der Schock kann im ersten Moment so groß sein, dass einem eine Lösung völlig unmöglich erscheint. Aber es gibt immer eine Lösung, und mit der Zeit wird sie sich zeigen.

DIE PROBLEM-(AUF)LÖSUNG

Ein Gedanke: Buddhistische Problemlösung

Ein Buddhist besitzt die Haltung, dass alles, was ihm im Leben begegnet, einen Sinn hat: ihn zu fordern (und zu fördern) und vor allem sein Potenzial weiterzuentwickeln. Er leistet keinen inneren Widerstand gegen das Problem und vergeudet damit wertvolle Energie, sondern setzt seine Kraft vielmehr dazu ein, eine Problemsituation zu meistern.

Sie selbst können die Angst vor einem Problem oder einem möglichen Scheitern entschärfen, indem Sie Ihr Problem genau wahrnehmen. Dies hilft dabei, aus der Negativspirale auszubrechen, die sich angesichts eines Problems oft ergibt. Nehmen wir das Beispiel Arbeitsplatzverlust. Wer von einer Kündigung betroffen ist, entwickelt nicht selten Versagergefühle, massive Sorgen und Existenzängste. Angst entspringt einem Urinstinkt; sie soll uns davor bewahren, gefährliche Dinge zu tun, die unser Leben negativ beeinflussen könnten. Somit hat Angst die Aufgabe, unser Überleben zu sichern. Aber ein Übermaß an Angst kann einen einschnüren und fesseln und an der Entfaltung seiner Fähigkeiten hindern. Angst kann dann zwar das Überleben sichern, das Leben selbst aber extrem behindern und im schlimmsten Fall zur völligen Handlungsunfähigkeit führen. »Was geschieht, wenn ich die Miete nicht mehr zahlen kann, wenn ich mein Auto verkaufen muss, wenn mich meine Partnerin verlässt, wenn meine Familie zerbricht?« Solche Fragen, die sich im Kopf drehen, verstärken die Schockstarre und verhindern, dass man geeignete Lösungsmöglichkeiten erkennt.

Wer mit einer Trennung zu kämpfen hat, fühlt sich betrogen und belogen und bedauert sich selbst. Er hadert mit sich und dem Schicksal und verstrickt sich in einer Negativspirale von Vorwürfen und Schuldzuweisungen. Was er meist nicht tut, ist, nach einer Lösung oder einer neuen Perspektive zu suchen. Und dann taucht ein Gefühl auf, das die vermeintliche Ohnmacht noch verstärkt: das Selbstmitleid.

Selbstmitleid bringt Sie nicht weiter

Das Schädlichste, was man angesichts eines Problems oder einer Lebenskrise tun kann ist, sich in Selbstmitleid zu ergehen. Wenn wir in dieser Phase verharren, wirkt sich das früher oder später zerstörerisch auf Körper, Geist und Seele aus: Depressionen, Süchte, mit denen man sich von seinem Leid ablenkt oder es zu verdrängen versucht, Schlafstörungen, Nervosität, aber auch Herz-Kreislauf-Probleme, Magen-Darm-Beschwerden, Kopf- und Rückenschmerzen können die Folgen sein. Dauerhaftes Selbstmitleid vergiftet das eigene Gefühlsleben. Wenn Sie in die Opferrolle verfallen und endlos über Ihr vermeintlich so schlimmes Schicksal grübeln, bringen Sie die Stimme Ihres Herzens zum Schweigen und verändern unmerklich Ihre Persönlichkeit. Ich bin sicher, dass jeder, und sei er noch so tief verletzt, tief im Inneren die Möglichkeit spürt, sich aus dem Sumpf zu befreien, in den er hineingeraten ist. Aber oft ist es die Angst, meist eine unbestimmte, diffuse Angst, die einen in der gewohnten Umgebung verharren lässt. Und so versinkt man jeden Tag ein Stückchen mehr im Sumpf. Und mit jedem Tag, den man im Morast verbringt, wird es schwieriger herauszukommen. Statt nach einer Lösung zu suchen, verbringt man seine Zeit damit, sich in dieser Situation einzurichten und sie »erträglich« zu gestalten, indem man sich mit

DIE PROBLEM-(AUF)LÖSUNG

unproduktiven Beschäftigungen wie Fernsehen, Computerspielen, Partys oder Shopping ablenkt oder sich mit Arbeit überhäuft.

Dabei steckt in jedem Problem eine Riesenchance. Denn jedes Problem reißt uns erst einmal aus der Gleichgültigkeit und aus dem altgewohnten Trott. Und gleichzeitig hilft es uns bei der Erkenntnis, dass das eigene Potenzial noch lange nicht ausgeschöpft wurde. Eine schwierige Situation bringt oder zwingt uns sogar dazu, aus Gewohnheiten auszubrechen und nach passenden Lösungsmöglichkeiten suchen – und genau darin liegt die große Chance.

Ein Gedanke: Leben in Leichtigkeit

Leben, Veränderung, Problemlösung, all das darf, wenn möglich, auch leicht gehen, darf kindlich einfach angegangen werden. Mit einem Augenzwinkern, Humor und einer Portion liebevoller Selbstironie. Oder, wie Oscar Wilde es einst formuliert hat:
»Das Leben ist zu wichtig, um es allzu ernst zu nehmen.«

Wie man sich selbst schachmatt setzen kann

Im Zustand des Selbstmitleids kreisen die Gedanken nur um das eine: »Warum ich? Warum ist das Leben so gemein zu mir? Immer bin ich der Verlierer. Niemandem geht es so schlecht wie mir. Das kann ich nicht aushalten. Das habe ich nicht verdient. Allen anderen geht es besser.« Natürlich kann es hin und wieder hilfreich sein, ein wenig Selbstmitleid zuzulassen und seine Wunden zu lecken, um ein Unrecht oder eine Kränkung besser zu verkraften.

Das Geschenk **erkennen**

Ehrlich zu sich selbst sein

Nehmen Sie sich fünf Minuten Zeit und notieren Sie spontan, was Ihnen zu den folgenden Fragen und Themen einfällt.
»Benutze ich meine Probleme, um von anderen Aufmerksamkeit zu erhalten oder Liebe zu erheischen? Stehe ich dadurch, dass ich dieses oder jenes Problem habe, öfter im Mittelpunkt?«
Wenn Sie diese Fragen mit einem ganz zarten »Ja« beantworten, dann können Sie sich natürlich gleich noch schlechter fühlen. Oder einfach weiterhin ehrlich zu sich selbst sein. Sie können sich zum Beispiel sagen: »Okay, das ist so. Damit bin ich ganz sicher nicht allein auf der Welt. Was lerne ich daraus? 1. Liebe ist ein wichtiger Wert für mich, ich möchte geliebt werden! 2. Gibt es auch andere Wege, über die ich Liebe erhalten kann, andere Wege, als von einem Problem ins nächste zu stolpern? Und vielleicht finden Sie Wege wie: Ihre innere Schönheit entwickeln, sich selbst mehr lieben, Frieden mit den Leistungsanforderungen zu schließen, die Ihre Eltern in Ihrer Kindheit an Sie stellten.

Auf längere Sicht ist es aber einfach nur schädlich. Man landet zwangsläufig in einer Sackgasse. Denn wenn man ein Problem einzig und allein als etwas Negatives betrachtet, hat man es immer als etwas Schlimmes, Beängstigendes vor Augen. So als ob man in einer Verletzung immer wieder herumstochert, anstatt sie endlich heilen zu lassen. Wirklich wichtig ist es vor allem, in solchen Situationen ganz ehrlich zu sich selbst zu sein.

Wer sich das Problem nicht ansieht, nicht erkennen will, dass es sich hier um ein wertvolles Geschenk handelt, und sich stattdessen

DIE PROBLEM-(AUF)LÖSUNG

bemitleidet, macht sich endgültig zum Opfer. Entweder Opfer des Schicksals oder anderer Leute, denen wir die Schuld für unser Pro-

Geschenk angekommen?

Schauen Sie in den Spiegel und nehmen Sie Stellung zu den folgenden Aussagen.

- ○ Mein Blick wirkt müde und matt.
- ○ Meine Mundwinkel zeigen nach unten.
- ○ Ich glaube, dass ich auf andere Menschen erschöpft oder traurig wirke.
- ○ Ich leide unter Durchschlafstörungen.
- ○ Ich leide unter ständiger Müdigkeit.
- ○ Ich weiß gar nicht mehr, wann ich mich in letzter Zeit einmal richtig entspannt habe.
- ○ Ich leide unter Magen- oder Verdauungsproblemen.
- ○ Mein Atem ist flach oder gehetzt.
- ○ Mein Ruhepuls ist höher als 70 bis 80 Schläge pro Minute.
- ○ Ich habe weniger als einmal pro Woche Zeit für meine Freunde.
- ○ Ich bin weniger als ein- bis zweimal pro Woche in der Natur.
- ○ Ich verbringe jeden Tag mehr als zwei Stunden vor dem Fernseher oder vor dem Computer (außerhalb der Arbeitszeit).
- ○ Ich habe den Eindruck, mich ständig mitteilen zu müssen.
- ○ Es ist schwer für mich, Zeit in Ruhe mit mir selbst zu verbringen.
- ○ Ich habe das Bedürfnis, mich von allem zurückzuziehen.

Wenn Sie die meisten der obigen Aussagen bejahen können, haben Sie bereits einige Geschenke in Form von Problemen oder Krisen erhalten, aber einige davon noch nicht ausgepackt!

blem geben. Und dann sitzt man in der Opferfalle, aus der man nicht mehr so leicht herauskommt. Denn Selbstmitleid macht handlungsunfähig. So kann sich nichts zum Besseren wenden.

Machen Sie sich deshalb angesichts einer schwierigen Situation immer wieder bewusst, dass Sie sich jederzeit aus der Lähmung des Selbstmitleids befreien und Ihr Leben aktiv in die Hand nehmen können. Denn eines ist sicher: Das Leben geht weiter – ob mit oder ohne uns. Wenn Sie aber das Gefühl haben, sich vom Schicksal betrogen zu fühlen, dann gibt es dafür nur ein Gegenmittel: Sorgen Sie dafür, dass Sie Ihr Leben in die eigene Hand nehmen und sich etwas in Ihrem Leben ändert. Denn der Einzige, der wirklich etwas ändern kann, sind Sie selbst.

Das Problem erkennen

Tritt eine kritische Situation auf, wie eine Kündigung, Geldprobleme, eine Trennung, dann ist immer eine genaue Selbstbefragung hilfreich. Und: Manchmal treten Probleme gewissermaßen verkleidet auf. Wenn Sie sich die Aussagen im nebenstehenden Kasten ansehen und die meisten davon bejahen können, haben sich bereits Probleme in Ihr Leben geschlichen, die Ihnen Ihr Hier und Jetzt verleiden. Und mit denen Sie sich so bald wie möglich auseinandersetzen sollten! Denn nur wenn Sie aktiv werden, wird sich etwas ändern. Auch hier ist ein genaues Hinschauen die erste wichtige Maßnahme, um ins Handeln zu kommen und eine Lösung zu kreieren. Ab Seite 124 zeige ich Ihnen, wie Sie mit bestimmten, häufig auftretenden Problemfällen konstruktiv umgehen können.

Die Selbstbefragung, mit der Sie Ihrem Problem auf den Grund gehen, erfolgt nach dem folgenden Prinzip:

DIE PROBLEM-(AUF)LÖSUNG

Erkennen Sie Ihr Problem

Stellen Sie sich folgende Fragen, dann werden Sie Ihr Problem deutlicher wahrnehmen:
- Inwiefern wird mein Leben davon beeinflusst beziehungsweise beeinträchtigt?
- Wie groß ist der Anteil des Lebensbereiches, der von dem Problem beeinträchtigt wird, gemessen an allen übrigen Lebensbereichen?
- Auf welchen Holzwegen laufe ich schon zu lange?
- Was ist das Schlimmste, das passieren könnte?
- Ist dieses Schlimmste wirklich so schlimm?
- Was könnte ich jetzt tun, damit es mir besser geht?

Wenn Sie nun auf die Antworten lauschen, die Ihnen Ihr Herz liefert, dann wird sich vielleicht auch Ihr Kopf zu Wort melden, die Botschaften Ihrer Intuition kommentieren und eventuell als Blödsinn abtun. Das macht es für Sie immer schwieriger, auf die Stimme Ihres Herzens zu hören. Und rasch wird in Ihnen der Wunsch auftauchen, den Kopf zum Schweigen zu bringen. Und je mehr Sie dies tun, desto lauter und deutlicher wird Ihr Kopf sich melden. So geht's also nicht! Wie dann?

Viel sinnvoller ist es, Bauch und Kopf als Team zusammenarbeiten zu lassen. Dazu ist am Anfang etwas »Teambuilding« notwendig, gegenseitige Wertschätzung, Liebe und Geduld, aber dann funktioniert es prächtig! Wenn Ihr Kopf nämlich wahrnimmt, dass es der Intuition nicht darum geht, ihn komplett zum Schweigen zu

Das Geschenk **erkennen**

bringen. Wenn Ihre Intuition erfährt, dass Ihr Kopf dasselbe Ziel hat wie Sie selbst, nämlich dass es Ihnen gut geht. Hierbei kann ein Rollenspiel sehr hilfreich sein (siehe Seite 100).

Gerne möchte ich exemplarisch eine der obigen Fragen herausgreifen und anhand dieser eine mögliche Gedanken- und Wahrnehmungskette darstellen. Nehmen wir an, Sie sind gerade bei der Frage angelangt: »Was ist das Schlimmste, das passieren könnte?« Gehen wir dazu noch einmal zurück zu unserem Beispiel Kündigung: Das Schlimmste, was jetzt passieren kann, ist, mit Hartz IV Bekanntschaft zu machen. Das ist nun wiederum nicht wirklich schlimm, da man so in den Genuss einer gewissen Grundversorgung kommt. Zudem ist man am Leben, ist gesund, nicht auf einer Intensivstation oder in der Psychiatrie. Man hat viel Zeit und im Moment nur einfach keinen Job.

Was ist die Botschaft?

Um Ihr Geschenk angemessen zu würdigen, lohnt sich auch die Frage nach der Botschaft, die in dem Problem versteckt ist. »Was will mir mein Problem sagen?« Es geht dabei nicht darum, sich ständig auf das aktuelle Problem und seine Entstehungsgeschichte zu konzentrieren. Wenn Sie das tun, werden Sie nur wieder von negativen Gefühlen übermannt. Wenn Sie ausschließlich über Ihren Kopf versuchen, das Problem zu analysieren, dann wächst die Negativspirale ins Unendliche – und das Problem im wahrsten Sinn des Wortes über Ihren Kopf.

Gehen Sie deshalb beim Beantworten immer ins Gefühl. Was ist das Erste, was Ihnen bei dieser Frage einfällt? Was ist schneller da, als der Kopf denken kann? Sind es Bilder, Töne, Gefühle, ja vielleicht auch ein Geruch oder ein Geschmack? Hier kommen Ihre

DIE PROBLEM-(AUF)LÖSUNG

persönlichen Wahrnehmungskanäle ins Spiel. Sie wissen, dass die Botschaften, die Ihnen Ihr Unbewusstes über diese Wege zuspielt, sehr zuverlässig sind und Ihnen, Ihrer Persönlichkeit absolut entsprechen. Verlassen Sie sich auf diese Botschaften aus Ihrem Unbewussten. Machen Sie sich klar, dass 95 Prozent der menschlichen Kommunikation – auch der mit uns selbst – unbewusst ablaufen, und gerade einmal 5 Prozent auf der bewussten Ebene. Dabei können Sie durchaus Antworten erhalten, die nicht strukturiert oder einfach einzuordnen sind. Sie können im ersten Moment auch verwirrend sein. Erinnern Sie sich an die Frau von Seite 88, der ange-

Was Sie noch für sich tun können

Denken Sie optimistisch: »Ich habe bisher noch immer eine Lösung gefunden« oder »Wenn sich eine Tür schließt, öffnet sich eine andere«. Das schenkt Ihnen Kraft und lässt Sie bereitwilliger auf die Stimme Ihres Herzens hören.

Erinnern Sie sich an Probleme, die Sie erfolgreich bewältigt haben. Jeder von uns hat in seinem Leben schon die eine oder andere Herausforderung erfolgreich gemeistert. Diese Kräfte stecken noch in Ihnen, und Sie können sie wachrufen.

Spüren Sie nach: Wie haben Sie damals eine gute Lösung gefunden? Was hat Ihnen die Kraft zur Lösung Ihres Problems gegeben? Wie haben Sie sich dabei innerlich bestärkt? Was haben Sie für sich getan? Wen haben Sie um Rat oder Hilfe gebeten? Können Sie sich vorstellen, dieses Mal genauso vorzugehen? Oder: Gibt es in Ihrem Freundes- oder Bekanntenkreis einen Menschen mit ähnlichen Erfahrungen? Warum rufen Sie ihn nicht einfach einmal an?

Das Geschenk **erkennen**

sichts von Problemen immer ihre Großmutter in den Sinn kam. Sie lernte diese Botschaft für sich zu deuten, das Bild als Warnsignal zu verstehen, um nicht in dieselben alten Verhaltensmuster zu gleiten.

Fragen statt Antworten

Sie sehen, dass ich, ganz im Gegensatz zu vielen eher kopflastigen Europäern, den Fokus nicht auf die *Lösung* lege, sondern immer weitere Fragen stellen, damit sich unser Horizont erweitert und wir die wirklich großen Themen erkennen, die dahinterliegen. Für mich ist das Stellen der richtigen Fragen viel wichtiger als konkrete Antworten. Die für Sie relevanten Antworten werden, wenn Sie sich Ihre Fragen gut und offen stellen, von selbst auftauchen. Es gibt keine Patentlösungen oder Anweisungen wie in einem Kochbuch, denn die Antworten sind so individuell wie Sie selbst.

Welche Chancen verbergen sich hinter dem Problem?

Diese Frage ist zu Beginn sicher am schwierigsten zu beantworten. Aber auch für sie gilt: Sobald Sie beim Beantworten in Ihr Gefühl gehen und sich auf Ihre Wahrnehmungskanäle verlassen, wird die richtige Antwort sich herauskristallisieren. Um beim Beispiel Jobverlust zu bleiben: Sie haben beispielsweise die unschätzbare Chance zu einer Neuorientierung im Beruf. Vielleicht gibt es noch Ressourcen, die bisher völlig brachlagen und die gefördert werden wollen. Vielleicht war die Kündigung die Rettung vor einem drohenden Burn-out und Sie haben jetzt die Chance, einen Arbeitsplatz zu suchen, bei dem man von Ihnen nicht erwartet, sich bis zur Erschöpfung zu verausgaben. Vielleicht ist der Beruf, den Sie ergriffen haben, eigentlich gar nicht der, den Sie schon immer ausüben

DIE PROBLEM-(AUF)LÖSUNG

Dankbarkeit erkennen

Wenn man zu stark auf sein Problem fokussiert ist, ist folgende Übung sehr hilfreich.

Teil 1. Stellen Sie sich folgende Frage: »Wofür bin ich genau in diesem Moment dankbar?«

Versuchen Sie die Antwort über Ihre bevorzugten Sinneskanäle wahrzunehmen und schreiben Sie die Bilder, Töne, Gefühle etc. auf, die Ihnen hierzu einfallen. Diese kleine Übung holt Sie ins Hier und Jetzt. Die Antworten auf die Frage können dabei zum Beispiel lauten:

- Ich bin dankbar dafür, dass ich in meinem Lieblingspark auf einer Bank sitze und die wundervolle Blumenwiese sehe.
- Ich bin dankbar dafür, dass ich die Vögel zwitschern höre und das Lachen der spielenden Kinder.
- Ich bin dankbar dafür, dass ich die wärmenden Sonnenstrahlen auf meiner Haut und den zarten Windhauch spüre.
- Ich bin dankbar dafür, dass ich das frisch gemähte Gras entlang des Weges rieche.
- Ich bin dankbar dafür, dass ich das kühle Wasser schmecke, das ich soeben trinke.

Teil 2. Stellen Sie sich nun die Frage: »Wofür bin ich in meinem gesamten Leben dankbar?«

Die Antworten hier können zum Beispiel lauten:

- Ich bin dankbar dafür, dass ich lebe.
- Ich bin dankbar dafür, dass ich gesund bin und Herz und Hirn habe.
- Ich bin dankbar dafür, dass ich eine innere Schönheit besitze.
- Ich bin dankbar dafür, dass ich humorvoll, mutig, großzügig, sorgfältig, leidenschaftlich, engagiert ... bin.
- Ich bin dankbar dafür, dass ich mich mit dem Planeten Erde, dem Universum und einer spirituellen Form der Energie verbunden fühle.

Das Geschenk erkennen

wollten. Jetzt haben Sie noch einmal die Chance, sich zu verändern. Was können Sie aus dieser Krise lernen? Welchen Sinn können Sie ihr in Ihrem Leben einräumen? Sobald Sie der Krise einen Sinn geben, fühlen Sie sich nicht mehr als Opfer und erlangen eine neue Lebensperspektive.

Was ist das Beste, was passieren kann?

Bei unserem Fallbeispiel kann hierauf die Antwort lauten: Ich darf länger leben. Ich werde kein Burn-out erleiden, keine Depression und keinen Herzinfarkt bekommen. Ich kann noch einmal einen neuen Weg einschlagen.

Vielleicht stellen Sie ja fest, dass Sie insgeheim schon immer wegwollten. Jetzt ist man Ihnen eben zuvorgekommen. Vielleicht tragen Sie seit Jahren einen bislang unerfüllten Traum mit sich herum. Vielleicht wollen Sie einmal einen Sommer auf einer Alm verbringen und der Sennerin zur Hand gehen. Oder einmal die Welt umsegeln. Oder den Jakobsweg gehen. Nun ist die Zeit dafür.

Wenn man angesichts einer Krise nicht aufgibt, wird man sicher nicht unter einer Brücke landen. Und wenn Sie auf diese Weise Herr oder Frau der Lage bleiben, kann die Selbstbefragung schon sehr früh eine Änderung herbeiführen. Auf diese Weise können Sie nicht nur die Negativspirale ganz einfach zum Stoppen bringen, Sie können die Botschaften, die Sie auf Ihre Fragen empfangen, auch aneinanderreihen und so zur Lösung Ihres Problems kommen. Und Ihr Leben mit einer Positivspirale bereichern.

Wenn Sie das geschafft haben, dann wissen Sie, wie man mit Problem-Geschenken umgeht. Dann haben Sie erkannt, dass man ein Problem erst an- und dann aussprechen muss, um das Geschenk in Empfang nehmen zu können.

DIE PROBLEM-(AUF)LÖSUNG

Ein Gedanke:
Das Wesen des Menschen

Um spirituell wachsen zu können, ist es nötig, unsere Menschennatur zu erkennen und diese Natur positiv zu nutzen. Dazu möchte ich Ihnen ein Gleichnis aus der Kultur der Cherokee erzählen. Die Cherokee-Indianer sind heute das größte Indianervolk in den USA.
Eines Abends erzählte ein alter Cherokee seinem Enkel über den Kampf, der in jedem Menschen tobt. Er sagte: »Mein Sohn, es gibt einen Kampf in jedem von uns, einen Kampf zwischen zwei Wölfen. Der eine Wolf ist böse. Er ist Zorn, Neid, Eifersucht, Habgier, Arroganz, Feindseligkeit, Lügen und Überheblichkeit. Der andere Wolf ist gut. Er ist Liebe, Freude, Friede, Hoffnung, Gelassenheit, Demut, Freundlichkeit, Güte, Menschlichkeit, Großzügigkeit, Wahrheit, Mitgefühl und Vertrauen. Auch in dir tobt dieser Kampf.« Der Enkel überlegte und fragte dann seinen Großvater: »Und welcher Wolf wird gewinnen?« Der alte Cherokee gab zur Antwort: »Derjenige, den du fütterst.«
Dieses Gleichnis lehrt uns die Wahrheit über das Wesen des Menschen. Jeder von uns hat diese beiden Wölfe in sich. Jeder von uns kann jederzeit neu entscheiden, welchen der beiden Wölfe er füttert und damit stärkt.

DAS GESCHENK NUTZEN

Das weiter oben beschriebene Teambuilding ist eine ausgezeichnete Methode, um sich selbst begegnen und zu sich kommen zu können. Kopf und Bauch, Herz und Hirn werden dadurch zu wundervollen Verbündeten. So nehmen Sie angesichts eines Problems, das zunächst nur negative Empfindungen wie Ängste, Sorgen und Schmerz auslöst, zunächst noch leise, dann aber immer intensiver, mögliche Lösungsansätze wahr. Diese kommen oft über Ihre Intuition und drücken sich häufig über Ihren bevorzugten Sinneskanal aus. Achten Sie also vor allem auf Ihre Sinneseindrücke in Form von inneren Bildern, Geräuschen, Gefühlen, Gerüchen oder Geschmacksempfindungen! Die Stimme Ihres Herzens spricht anders zu Ihnen als Ihr Intellekt. Durch das Teambuilding darf sie wieder gehört werden und wird sich in Zukunft immer klarer und deutlicher melden.

Was Sie jetzt tun können

So ist es letztlich auch ganz einfach, das Problem-Geschenk zunächst liebevoll anzunehmen und dann zu nutzen. Das mag undenkbar klingen, wenn Sie sich angesichts einer aufgetauchten Schwierigkeit wie erstarrt und handlungsunfähig fühlen. Bedenken Sie trotzdem, dass jedes Problem, das sich Ihnen stellt, auch wenn es zunächst noch so schlimm und unerträglich erscheint, ein Teil Ihrer selbst ist. Das Problem ist nicht zufällig aufgetaucht, sondern hat einen ganz bestimmten Zweck. Indem Sie das Problem annehmen, nehmen Sie auch einen wichtigen Teil von sich selbst an. Dieser Teil zeigt Ihnen, wie es in Ihrem Leben weitergehen kann.

Mittels Selbstbefragung das Geschenk erkennen
Durch Selbstbefragung erhalten Sie Antworten, die Ihnen helfen, das Geschenk hinter Ihrem Problem zu erkennen. Nehmen Sie sich Zeit, gehen Sie an einen Ihrer Lieblingsorte in der Natur und motivieren Sie Ihren Kopf, Ihnen Fragen zu stellen. Hier ist allerdings Eigeninitiative gefragt. Sie müssen sich intensiv mit sich selbst und Ihrem Problem auseinandersetzen, indem Sie sich die richtigen Fragen stellen und sich ehrliche Antworten geben.

DIE PROBLEM-(AUF)LÖSUNG

- Ist das, was ich durch das Problem verliere, wirklich wichtig für mich oder ist die Verletzung meines Egos der Hauptteil des Problems?
- Wie werde ich in einem Jahr über dieses Problem denken?
- Was würde ich meinem besten Freund, meiner besten Freundin raten, wenn er/sie dasselbe Problem hätte?

Lassen Sie Ihren Bauch diese Fragen beantworten. Stellen Sie sich dann die in den vorigen Kapiteln beschriebenen Fragen. Nehmen Sie die Antworten Ihres Herzens, Ihrer Intuition, Ihres Bauches wahr, ohne sie zu beurteilen, ohne sie auf Umsetzbarkeit zu prüfen.

- Was will mir dieses Problem sagen?
- Was ist die Botschaft dahinter?
- Was ist mir in meinem Leben wirklich wichtig?
- Welche Chancen verbergen sich hinter dem Problem?
- Was ist das Beste, was passieren kann?

Akzeptieren Sie zunächst jede Antwort, ohne sie zu bewerten. Manchmal zeigt sich das Geschenk völlig unerwartet als eine Art »Geistesblitz«, während Sie auf ganz andere Dinge konzentriert sind, oder kurz nach dem Aufwachen oder vor dem Einschlafen. Nehmen Sie sich Zeit, die Antworten zu sammeln; stellen Sie sich die obigen Fragen an verschiedenen Tagen und zu verschiedenen Tageszeiten. Spüren Sie in sich hinein, welche der Antworten Sie am meisten fasziniert, welche Ihnen am ehesten entspricht.

Je klarer dies wird, desto näher kommt der Moment, an dem Sie Ihren Kopf um Unterstützung bei der Umsetzung bitten. Denn sobald Sie das Geschenk erkannt haben, ist es Zeit, Ihr Leben zu verändern und in die richtige Richtung zu lenken.

Das Geschenk **nutzen**

Von der Routine abweichen

Wenn Sie das Gefühl haben, Sie stecken bei einem Problem fest, dann verändern Sie etwas – vielleicht nur Kleinigkeiten, die mit dem eigentlichen Problem gar nichts zu tun haben. Denn sobald Sie etwas in Ihren gewohnten Abläufen oder in Ihrer Alltagsroutine ändern, geben Sie sich selbst und der Stimme Ihres Herzens mehr Spielraum. Unterbrechen Sie Ihre normalen, alltäglichen Abläufe, indem Sie einfach mal etwas ganz anderes machen. Gehen Sie in der Mittagspause einmal nicht in die Kantine oder in ein Restaurant. Machen Sie stattdessen einen Spaziergang in der Natur. Gehen Sie abends eine Stunde joggen, statt eine Stunde vor dem Fernseher zu verbringen. Setzen Sie sich auf dem Weg zu einem Termin zwischendurch für ein paar Minuten in den Park und lassen das Grün auf sich wirken. Oder stehen Sie morgens eine halbe Stunde früher auf, um mit Qi Gong-Übungen Energie zu tanken (siehe Seite 147). Gönnen Sie sich tagsüber eine zehnminütige Meditation (siehe Seite 73), die Sie in all dem Trubel wieder ins Hier und Jetzt bringt. Finden Sie Wege, um aus den eingefahrenen Bahnen und den Gewohnheiten Ihres Alltags auszubrechen, denn damit bieten Sie auch Ihrem Geist und der Stimme Ihres Herzens die Gelegenheit, sich neue Wege zu bahnen.

Zu sich selbst kommen

Indem Sie das Geschenk hinter Ihrem Problem erkennen, Ihr Leben wieder neu in die Hand nehmen und neue Möglichkeiten zulassen, kommen Sie wieder näher zu sich selbst. Auch der Dichter Hermann Hesse war der Meinung, dass es »der wahre Beruf des Menschen ist, zu sich selbst zu kommen«.

DIE PROBLEM-(AUF)LÖSUNG

Hierbei hilft die innere und äußere Achtsamkeit, wie ich sie im Buddhismus kennengelernt und weiter oben bereits beschrieben habe. Denn so entwickeln Sie mit der Zeit die Fähigkeit, Ihrer Gegenwart, Ihrem Hier und Jetzt mit wachen Sinnen zu begegnen. Ihr Verständnis dafür wird wachsen, wie Sie sich selbst und Ihre Umwelt wahrnehmen, wie Sie reagieren. Achtsam leben heißt nämlich auch: wahrnehmen, beobachten, jedoch nicht werten. Achtsamkeit führt auch dazu, dass ich mich und andere erkenne, Mitgefühl entwickle anstatt Mitleid und erkenne, dass alles mit allem in Verbindung steht.

Vielleicht erkennen Sie dann besser, dass Sie viele Ihrer Probleme selbst kreieren, nicht aus Unwissenheit, sondern weil diese Probleme für Sie wichtige Lernerfahrungen und Entwicklungschancen darstellen. Vielleicht erkennen Sie auch, dass dasselbe Geschenk bereits einige Male in Form von kleineren Problemen bei Ihnen »angeklopft« hat und sich jedes Mal, wenn es nicht wahrgenommen wurde, ein deutlicheres Signal, ein größeres Problem gesucht hat, um Ihre Aufmerksamkeit zu erregen.

Respekt vor sich selbst haben

Sich selbst wieder näher zu kommen ist das eine, das andere ist, mit sich (und anderen) liebevoll umzugehen und Respekt vor sich selbst zu haben. Respekt gehört zum Konzept der Achtsamkeit. Denn wie kann ich erwarten, dass andere mir und meinen Bedürfnissen Respekt entgegenbringen, wenn ich mich nicht einmal selbst respektiere? Dann fühle ich mich ausgenutzt und abgewertet, klein und wertlos, was schließlich dazu führt, dass meine Lebensqualität verloren geht und die Probleme sich häufen. Versuchen Sie deshalb stets, Respekt vor sich selbst, Ihrem Kopf, Ihrem Herzen und Ihrer Seele zu haben.

Das Geschenk **nutzen**

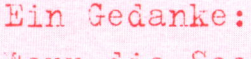

Ein Gedanke:
Wenn die Seele ausbrennt

Auch beim Thema Burn-out gibt es meist eine langsame Entwicklung. Die ersten Signale sind ganz zart. Einige schlafen manchmal schlecht, essen aus Frust mehr als sinnvoll, trinken mehr Alkohol oder sitzen stundenlang vor dem Fernseher, um sich zu entspannen und runterzukommen. Wenn Sie diesen Signalen keine Aufmerksamkeit schenken und entsprechende Veränderungen in Ihrem Leben herbeiführen, werden die Signale deutlicher: Durchschlafstörungen, Magen-Darm-Beschwerden, trübsinnige Phasen, mehr Essen, mehr Alkohol, mehr Fernsehen, ein paar Tabletten, um ruhiger zu werden.

Und falls Sie sich jetzt immer noch taub stellen und nichts ändern, kommt die nächste Phase: massive Schlafstörungen, massive Verdauungsprobleme, depressive Phasen, massiver Alkohol- oder Tablettenmissbrauch.

Wenn Sie auch jetzt noch nicht reagieren, dann geht es mit Sicherheit bald richtig zur Sache: Kreislauf- und Nervenzusammenbrüche, Magengeschwüre, Herzinfarkt, Krebs. All das ist möglich, wenn Sie nicht auf die Stimme Ihres Herzens, Ihrer Seele hören, die Ihnen behilflich sein will, Ihr wahres Menschsein zu leben.

Eigenverantwortung übernehmen

Dieser Respekt ist ganz entscheidend für ein glückliches Leben. Er schenkt uns Würde und Achtung voreinander und hilft uns, diese auch zu bewahren. So gibt einem Respekt zugleich auch Wahrheit, Authentizität und Freiheit. Denn je mehr Sie sich selbst respektieren lernen, desto freier und wahrhaftiger – also respektvoller – können Sie Ihrem Umfeld begegnen.

DIE PROBLEM-(AUF)LÖSUNG

Übung: Atembeobachtung

Es ist gar nicht so schwierig, auch im größten Trubel zu sich selbst zu kommen. Die Übung des Atembeobachtens bringt Sie ganz schnell wieder ins Hier und Jetzt und zu sich selbst. Egal ob Sie sitzen oder gerade an der Straßenbahnhaltestelle stehen und warten. Konzentrieren Sie sich einfach auf Ihren Atem. Beobachten Sie ihn. Nehmen Sie wahr, wie die Luft durch Ihre Nase ein- und wieder ausströmt. Beobachten Sie nur! Werten Sie nicht, ob Sie zu schnell oder zu langsam atmen, nehmen Sie einfach den natürlichen Strom Ihrer Atmung wahr.

Wenn Sie sich selbst und Ihre Gegenüber respektieren, dann werden Sie niemals anderen die Schuld für eigenes Versagen, Missgeschicke und Probleme aufladen. Ebenso wenig müssen andere Ihnen ihre Probleme aufladen. Auch das hat viel mit Respekt zu tun. In einem respektvollen Umfeld hält sich jeder Mensch gern auf. Respekt erwerben Sie sich nicht nur durch Achtsamkeit und Anteilnahme, sondern auch durch die Fähigkeit, Grenzen zu setzen.

Sich schützen, Grenzen setzen

Ein Akt des Respekts vor sich selbst ist es, sich in Belastungssituationen deutlich abzugrenzen. So gewinnen Sie in kritischen Situationen Zeit für eine Atempause. Natürlich ist es in jeder Beziehung, egal ob beruflich oder privat, wichtig, Kompromisse einzugehen. Und trotzdem kann man die Wünsche des Chefs, des Partners, der Eltern, der Kinder nicht immer so erfüllen, wie diese es gerne hätten. Grenzen zu setzen ist etwas, das man in jeder noch so lie-

Das Geschenk nutzen

bevollen Beziehung so früh wie möglich lernen sollte. Sie müssen allerdings immer wieder neu und situationsgerecht definiert werden. Besonders wichtig ist es auch, richtig mit Ihrer Umwelt zu kommunizieren und die eigenen Grenzen respektvoll vorzutragen. So können Sie sagen: »Ich arbeite gern in dieser Firma. Dennoch habe ich nicht vor, das ganze Wochenende durchzuarbeiten.« Oder: »Ich liebe dich. Trotzdem ist es mir, anders als dir, kein Anliegen, den Bodensee zu umradeln oder den Nanga Parbat zu besteigen. Tu du die Dinge, die dir wichtig sind, und lass mich tun, was mir wichtig ist. Und lass uns nach Möglichkeiten suchen, Dinge zu unternehmen, die uns beiden Spaß machen.« Wenn Sie sich rechtzeitig abgrenzen und Ihr Gegenüber weiß, welche Ansichten Sie haben und wo Ihre Grenzen liegen, dann wird es diese auch respektieren können. Tut es das nicht, ist das vielleicht ein Hinweis für Sie, die Beziehung zu überdenken.

Für sich selbst sorgen

Notieren Sie mindestens 20 verschiedene Antworten auf die Frage: »Was tut mir gut?« Zum Beispiel: ausschlafen, früh aufstehen, spazieren gehen, Qi Gong üben, mit einem lieben Menschen eine Tasse Tee trinken, Regelmäßigkeit und Rituale, Abwechslung etc. Bauen Sie jeden Tag, sooft es geht, einige dieser »Kraftquellen« in Ihren Alltag ein. Lernen Sie, Ihren Alltag so zu gestalten, dass er wirklich zu Ihnen, zu Ihren Bedürfnissen, zu Ihrem Wesen, zu Ihren Wünschen passt. Frei nach dem Motto von Mark Twain: »Gib jedem Tag die Chance, der schönste deines Lebens zu werden.« Nehmen Sie sich selbst genauso wichtig, wie Sie von anderen wichtig genommen werden möchten.

Das Leben ist ein Berg aus Geschenken

In diesem Kapitel schildere ich Ihnen spezifische Probleme, die jeden von uns betreffen können, und gebe Ihnen Anregungen, wie Sie diese mithilfe der Stimme Ihres Herzens lösen können. Manchmal geht es auch um Probleme, die weniger konkret sind als Arbeitsplatzverlust, Trennung oder finanzielle Sorgen. Vielleicht dreht sich Ihr Problem um Verhaltensmuster, die Sie sehr gern ändern möchten und doch immer wiederholen. Vielleicht geht es um einen Schmerz, der Sie wie gelähmt in einer völlig verfahrenen beruflichen Situation oder privaten Beziehung gefangen hält. Alle diese Situationen bringen negative Gefühle mit sich. Sie legen sich wie eine Hülle um Ihr Fühlen und Erleben und schränken Ihre Freiheit, Lebensfreude und Kraft mehr oder weniger stark ein. Wie oft sind Sie dadurch nicht in der Lage sinnvolle Einsichten nicht in die Praxis umsetzen? Es gibt viele gute Lösungs- und Therapiemethoden zur Bewältigung solcher Gefühle. Doch meine Erfahrung, die ich über viele Jahre hinweg gemacht habe, zeigt, dass es letzt-

Auf dem Weg zu **innerer Freiheit**

endlich nur einen Weg gibt, der zur wirklichen Lösung führt, und dieser Weg führt über unsere Emotionen.

AUF DEM WEG ZU INNERER FREIHEIT

Mithilfe des Selbstgesprächs von Bauch und Kopf bringen Sie einen inneren Prozess in Gang, durch den Sie belastende Gefühle wahrnehmen und auch annehmen können. Auf diese Weise gehen Sie selbstständig durch negative Gefühle hindurch und wandeln sie heilsam um. Damit steht Ihnen wieder ein Mehr an Kreativität, Lebenskraft und Lebensfreude zur Verfügung. Anders ausgedrückt: Wenn etwas entwickelt werden muss, dann heißt das für mich nichts anderes, als dass eine Angelegenheit vorher verwickelt war. Insofern hat jede Entwicklung, jede Lösung, etwas enorm Befreiendes. Und es steht jedem von uns gut zu Gesicht, wenn er sich die Chance gibt, ebendieses Entwicklungspotenzial zu erkennen und die darin liegende Freiheit zu entdecken. Probleme sind regelrechte Geburtshelfer in einem solchen Prozess. Eine solche Lösung des Problem-Geschenks ist auf körperlicher und emotionaler Ebene deutlich spürbar.

Mit der Selbstbefragung besitzen Sie ein wirkungsvolles Handwerkszeug, das Ihnen immer und überall zur Verfügung steht. Denn kein Problem auf der Welt ist dazu da, es unbedingt ertragen zu müssen. Es bringt einen vielmehr ins Handeln. Ich kann zwar die Welt oder andere Menschen nicht ändern, aber mich selbst. Allein durch diese Einsicht, durch diesen kleinen Schritt ändert man mehr am System, als wenn man unbeweglich darin verharrt und sich zu Tode grämt. Lassen Sie sich durch einen Gedanken des Politikers und Feldherrn Perikles inspirieren. Von ihm ist der Satz überliefert: »Das Geheimnis des Glücks ist die Freiheit. Das Geheimnis der Freiheit aber ist der Mut.« Seien Sie mutig!

Ein Gedanke: Glück durch Selbstverantwortung

Immer, auch in jeder kritischen Lebenssituation, geht es darum, bei sich selbst zu bleiben. Man kann nichts, für das man im Grunde selbst verantwortlich ist, an einen anderen Menschen delegieren. Dies gilt für die eigene Lebenszufriedenheit, für Glück, Freude und auch für Liebe. **Nur wenn ich aktiv bin und mein Leben selbst in die Hand nehme und meine Werte wirklich lebe, werde ich mein Lebensglück täglich, in jedem Moment neu erleben.**

PROBLEME IM BERUF

Auf einer Flugzeugreise sah ich vor einigen Jahren einen Film mit dem amerikanischen Schauspieler George Clooney in der Hauptrolle. Er spielte einen Flugmeilen sammelnden »Entlasser«. Sein Arbeitgeber schickte ihn zu Firmen, die ihre Angestellten nicht selbst feuern wollten. Er machte für diese Menschen etwas Wunderbares daraus und zeigte ihnen die Chancen auf, die für sie in der Entlassung liegen.

Nun ist der plötzliche Verlust des Arbeitsplatzes ein Problem, das jeden treffen kann. Das Unternehmen wird verkauft, Personal wird abgebaut, vielleicht gibt es auch persönliche Gründe dafür, dass man sich von einem Mitarbeiter trennt. Auch wenn Arbeitslosigkeit meist strukturell bedingt ist, betrachten es die Betroffenen als eigene Schuld, als einen schweren Schlag für das Selbstwertgefühl und das Ego. Denn wir im Westen haben die Eigenschaft, uns oft

Probleme im Beruf

mit unserem Beruf zu identifizieren – man »ist« sein Beruf und seine berufliche Position. Wenn ich dann noch den Fokus auf mein berufliches Problem lege, so mache ich es immer größer und größer. Je mehr ich mich auf alle möglichen negativen Folgeerscheinungen konzentriere, desto mehr setze ich eine negative Spirale, eine Angstspirale, in Gang, die immer tiefer und tiefer führt. Das Selbstgespräch läuft dann ungefähr so: »Ich habe diesen Arbeitsplatz verloren, an dem ich schon seit 12 Jahren arbeite. Einen Arbeitsplatz, der mir ein sicheres Einkommen beschert hat, und jetzt ist er weg.« Dann beginnt der Mensch, der seinen Arbeitsplatz verloren hat, sich auszumalen: »Wie geht es denn jetzt weiter? Ich werde mir dies und jenes nicht mehr leisten können, weder die Wohnung noch das Auto noch einen neuen Fernseher. Es wird keinen Urlaub mehr geben. Ich werde auch so schnell keinen so guten Arbeitsplatz mehr finden, werde vielleicht eine weniger gut bezahlte Arbeit annehmen müssen. Oder gar keine Arbeit finden.« Und mit jedem dieser Gedanken wird das Horrorszenario des Arbeitsplatzverlusts größer. Der Mensch sieht sich zu guter Letzt kurz vorm Verhungern unter der Brücke schlafend.

Für manche Menschen ist der Verlust des Arbeitsplatzes weniger ein finanzielles Thema als ein Egoproblem. Dann läuft die Spirale anders. Sie machen sich weniger Sorgen um ihre Finanzen, weil sie sicher sind, dass sie schon irgendeinen andern, ähnlich gut bezahlten Job finden werden. Sie haben aber in ihrer bisherigen Position ein hohes soziales Ansehen genossen. Nehmen wir als Beispiel den Chefredakteur einer Zeitung. Wenn jemand diesen Job aus irgendeinem Grund verliert, wird das als persönliche Niederlage verstanden. Warum hat er den Job verloren? Vielleicht hat sich ein Nachfolger aufgedrängt, der jünger, dynamischer und motivierter ist. Deshalb wurde der Chefredakteur entweder entlassen oder auf eine andere Stelle weggelobt, die weniger prestigeträchtig ist – und das nagt am Selbstwertgefühl.

Ist das Geschenk in Form einer Kündigung also angekommen, dann ist es sehr wichtig, sich möglichst früh aus dieser Negativspirale zu befreien. Dabei ist die Selbstbefragung sehr hilfreich.

Arbeitslosigkeit

Wenn sich Ihr Arbeitsplatz von Ihnen trennt, tun sich im Grunde dieselben Chancen auf wie bei der Trennung eines Paares. Oft stellt diese Situation ein besonderes Geschenk dar.

Selbstbefragung bei Arbeitslosigkeit

Stellen Sie sich folgende Fragen und hören Sie auf die Stimme Ihres Herzens, um sich Ihrem Geschenk zu nähern:
- Habe ich diesen Arbeitsplatz wirklich geliebt?
- Bin ich jeden Tag gern zur Arbeit gegangen?
- Wollte ich insgeheim die Arbeitsstelle wechseln, hatte aber nie den Mut zu kündigen?
- Entspricht der Beruf, den ich bisher ausgeübt habe, wirklich meiner Berufung, oder war es nur ein Job?
- Welche Chance verbirgt sich hinter dieser Situation?
- Was erfüllt mich wirklich? Was ist meine Berufung?
- Kann ich aus dieser Berufung heraus so etwas wie einen Traumberuf ableiten?
- Was sind die ersten Schritte in Richtung dieses Traumberufes?

Probleme im Beruf

Für mich stellt das Problem Arbeitsplatzverlust in meinen Coachings und Gesprächen immer wieder eine große Faszination dar. Schließlich ist eine Kündigung in vielen Fällen das Beste, was einem passieren kann. Man wird nach vielen Jahren des Unglücklichseins und der Unzufriedenheit mit der eigenen Situation endlich (!) entlassen. Das klingt im ersten Moment vielleicht ungewöhnlich, ist aber als heilsame Erkenntnis sehr hilfreich. Natürlich brauchen Sie dazu Mut, denn eine solche Einstellung entspricht nicht der gewohnten Denkweise und den eingeübten Mustern. Aber das Geschenk besteht eben darin, dass Sie nun etwas tun können, was Ihnen mehr entspricht als alles, was Sie bisher geleistet und wofür Sie sich abgerackert haben.

Ich bewundere Menschen, die schon früh so mutig waren, sich ganz auf die Stimme ihres Herzens zu verlassen. Eine Bekannte, die ein Studium an der Universität absolviert hatte, ist beispielsweise Märchenerzählerin geworden und verdient mit dem, was sie wirklich gern tut, ihren Lebensunterhalt: Das hat sie sich ganz bewusst ausgesucht. Natürlich hätte sie mit ihrer Ausbildung auch Beamtin

Ein Gedanke: Von gleichbleibendem Wert

Bei jeder Kränkung ist es unheimlich befreiend, sich Folgendes klarzumachen: Ich bin ich. Ich bin heute anders, als ich gestern war, weil sich alles verändert. Und: Ich bin immer gleich viel wert, egal wie viel Geld ich verdiene, egal in welchem Haus oder in welcher Wohnung ich wohne und egal welchen Beruf ich ausübe.

werden und auf die vermeintliche »Nummer sicher« gehen können. Aber das wollte sie nicht. Sie liebt die deutsche Sprache und das Erzählen und macht genau das, was sie liebt.

Burn-out und Bore-out

»Ausbrennen« klingt gar nicht gut und tut es auch nicht. Dabei kann das unter dem Begriff Burn-out bekannte Syndrom jeden treffen. Bis es zum kompletten Ausfall kommt, schleichen sich bestimmte Symptome ein, die man schon relativ früh identifizieren kann. Man kommt müde von einer Arbeit heim, wo man viele unnütze Stunden verbracht hat, weil man sich nicht anerkannt oder motiviert fühlte. Gleichzeitig weiß man, dass das Hamsterrad sich unaufhörlich weiterdreht und man nicht so einfach aussteigen kann. Zu Beginn denkt man sich: »Jeder hat mal Stress« und bagatellisiert so das eigene Unwohlsein. Aber nach und nach wird der Stress zum alles bestimmenden Lebensmittelpunkt. Lässt man diesen Zustand so weiterlaufen, macht man sich auf Dauer kaputt. Körperliche Beschwerden und psychosomatische Erkrankungen treten auf, Herzprobleme, Magen- und Darmbeschwerden, Bandscheibenprobleme, schmerzhafte Muskelverspannungen. Dazu schwindende Empathie und Gleichgültigkeit, Angst, überzogener Arbeitseinsatz, Suchtverhalten, veränderte Essgewohnheiten, ständige Erkrankungen, Isolation, sexuelle Probleme und Schlafstörungen.

Kommen Geschenke in der so beschriebenen Verpackung an, so heißt es zu handeln. Und zwar bald, bevor es noch schlimmer kommt. Mit der Methode der Selbstbefragung kommen Sie Ihrem Problem, dem Geschenk dahinter und einer möglichen Lösung wahrscheinlich schnell auf den Grund.

Probleme **im Beruf**

Es gibt zwei klassische Ansätze für viele Menschen, die kurz vor einem Burn-out stehen oder mitten in einem Burn-out-Prozess sind, aber noch nicht den Weg zu einem Therapeuten oder in eine Klinik gefunden haben. Der eine ist der disziplinierte (ich nenne ihn den deutschen Weg), mit mehr Druck, mehr Anstrengung, mehr Disziplin. Der zweite ist es, sich einfach fallen zu lassen und in Selbstzweifel und Depressionen abzugleiten, die da heißen »Ich schaffe das alles nicht mehr«, »Es ist alles so furchtbar«, »Mein Leben hat keinen Sinn«, »Was tue ich denn da?«. Viele Burn-out-Geschädigte gehen auch beide Wege abwechselnd und reißen sich in der Öffentlichkeit diszipliniert am Riemen, während sie dann zu Hause in ganz tiefe schwarze Löcher fallen.

Die Geschichte von Sonya K.

Sonya K., 40 Jahre: Nach Abschluss meines Studiums der Kommunikationswissenschaften arbeitete ich vierzehn Jahre lang in verschiedenen Marketingabteilungen. Vor drei Monaten wurde ich arbeitslos, bereits zum dritten Mal in meinem Berufsleben. Ich hatte einen befristeten Ein-Jahres-Vertrag. Das war in dieser Firma üblich. Bei der Einstellung versicherte mir die Personalchefin, dass dieser Vertrag normalerweise in ein unbefristetes Arbeitsverhältnis überginge. Umso größer war der Schock, als ich zum Gespräch gebeten wurde und man mir eröffnete, dass der Vertrag nach einem Jahr doch nicht verlängert werden sollte. Ich war geschockt, fassungslos und habe sehr geweint. Die ganze Situation war entsetzlich demütigend. Nach dem ersten Schock kam die Depression. Ich redete mir ein, eine Komplettversagerin zu sein. Drei Mal den Job verloren, kein Wunder. Meinen besten Freunden und meiner Familie habe ich es erst zwei Monate später erzählt.

DAS LEBEN IST EIN BERG AUS GESCHENKEN

> Mit der Zeit habe ich versucht, mein Netzwerk zu aktivieren. Und dann hatte ich auch nicht mehr solche Angst vor den Reaktionen meiner Umgebung. Mir wurde klar, dass ich ja nicht die Einzige auf dem Planeten war, die dieses Schicksal ereilt. Beim ersten Mal wurde mein damaliger Arbeitgeber, eine Werbeagentur, verkauft. Beim zweiten Mal musste das Unternehmen, in dem ich arbeitete, Insolvenz anmelden. Heute weiß ich, dass ich großes Glück gehabt habe und immer noch habe. Es gibt Menschen um mich herum, die viel Verständnis für meine Situation zeigen und mich immer wieder motivieren, wenn ich den Kopf doch mal wieder hängen lasse. Nach einiger Zeit habe ich mich entschieden, mich coachen zu lassen, um herauszufinden, welche Möglichkeiten noch in mir stecken. Vielleicht habe ich den richtigen Beruf ja noch gar nicht gefunden und da steckt noch etwas anderes in mir. Vielleicht kann ich noch einmal etwas ganz Neues wagen – und dabei gewinnen.
>
> Beim Coaching habe ich auch verstanden, dass ich mit dem Thema Arbeitslosigkeit ganz anders umgehen kann. Ich darf darüber sprechen und die Pause, die mir hier vom Leben geschenkt wurde, als Auszeit betrachten. Außerdem habe ich beschlossen, meine Auszeit sinnvoll zu nutzen, und mache jetzt ganz bewusst ein Sabbatical von einem halben Jahr: Zuerst gehe ich für eine ganz persönliche Besinnungszeit für zwei Wochen in ein Kloster. Die will ich dazu nutzen, wieder zu mir zu kommen. Danach möchte ich für drei Monate nach Spanien gehen und dort an der Uni Spanisch lernen. Das wollte ich schon immer, und ich kann mir gut vorstellen, dass ich anschließend noch bessere Möglichkeiten habe, mich erfolgreich zu bewerben.

Der kleine Bruder des Burn-out ist gewissermaßen das Gegenstück: Bore-out ist ein Phänomen, das sich heute zunehmend breitmacht. Arbeitswissenschaftler sprechen sogar davon, dass nicht das Burnout das Hauptproblem in unserer Arbeitswelt sei, sondern die große Langeweile. In diesen Fällen langweilt oder unterfordert die Arbeit.

Probleme **im Beruf**

Dann gerät man unter den Stress, Beschäftigung vorzutäuschen. Das ist insbesondere bei Bürojobs gut möglich, ohne wirklich etwas zu leisten. Irgendwann tritt allerdings Resignation ein, man zählt nur noch die Stunden bis zum Arbeitsschluss. Am Ende vom Lied stellen sich ebenso wie beim Burn-out Erkrankungen und psychosomatische Beschwerden ein.

Abbau von Akut-Stress

Stress ist in unserem Sprachgebrauch immer negativ belegt. Dabei ist ein gewisses Anspannungsniveau gut, um achtsam und wach zu sein, um Begeisterung empfinden und sich beteiligen und für etwas engagieren zu können. Ein positives Anspannungsniveau (auch Eustress genannt) ist auch wichtig, um empathisch und empfindsam zu sein. Negativer Stress (oder Disstress) durch Über- oder Unterforderung hinterlässt hingegen ein unangenehmes Spannungsgefühl. Der Stresshormon-Spiegel bleibt bestehen, auch wenn die als negativ empfundene Stresssituation bereits vorbei ist. Während ich jedem Menschen als Stressvorbeugung und zum Ausgleich Qi Gong ans Herz lege, habe ich die Erfahrung gemacht, dass bei akutem Negativstress Ausdauersport die ideale Methode ist, um wieder in seine Mitte zu kommen. 45 Minuten zügiges Spazierengehen, Walking, Jogging, Schwimmen oder Radfahren sind optimal, um den Adrenalinspiegel wieder zu normalisieren. Mein absoluter Lieblings-Adrenalinkiller ist Joggen. Absolvieren Sie danach noch eine kurze Stretching-Einheit und ein paar Qi Gong-Übungen, und Sie fühlen sich wie neugeboren.
Probieren Sie's einfach statt Fernsehen, und Sie werden sehen, dass sich Ihr Leben schneller in eine positive Richtung verändert, als Sie denken.

Freude am Beruf

In unserer Gesellschaft sind wir zu sehr darauf gepolt, Leistung zu bringen. Dabei täte es uns viel besser, dieses Muster einmal loszulassen. Das Erstaunliche daran ist nämlich, dass in dem Moment, in dem man sich von dem Gedanken trennt, seine Leistung steigern zu wollen, sie von ganz allein kommt. Dann ist es aber keine Leistung mehr, sondern ein kreativer Akt, der Spaß macht und bei dem man gar nicht bemerkt, wie die Zeit verfliegt. Das folgt der Erkenntnis des chinesischen Philosophen Konfuzius, von dem überliefert ist: »Wähle einen Beruf, den du liebst – und du brauchst keinen Tag in deinem Leben mehr zu arbeiten.«

GESUNDHEITLICHE PROBLEME

Krankheiten und gesundheitliche Beschwerden werden in unserer Gesellschaft nicht als Signale der Seele, des Herzens anerkannt. Sie werden meist als Funktionsstörungen des Körpers abqualifiziert, und die Botschaft, die sich dahinter verbirgt, wird tunlichst überhört. In meine Seminare und Coachings kommen hochintelligente Menschen. Sie wissen, dass etwas in ihnen verschoben ist, wenn der Rücken schmerzt, der Schlaf gestört ist oder sie von ständigen Kopfschmerzen geplagt werden. Denn Krankheiten haben, wie jedes andere Problem, einen tieferen Sinn. Sie sind nicht nur eine unangenehme Angelegenheit, die es schnell zu beheben gilt, weil sie unangemeldet ins Leben geplatzt ist. Gesundheit bedeutet nicht nur reibungsloses Funktionieren, sondern – will man der WHO folgen – viel mehr: ein Zustand, der frei von körperlichem, seelischem oder sozialem Leid ist. Jede Krankheit schickt uns durch ihre spezifischen Symptome eine Botschaft, die zeigt, wo etwas fehlt, wo mehr Acht-

Gesundheitliche Probleme

samkeit vonnöten ist. Ich bin überzeugt, dass fast alle körperlichen Geschehen Ausdruck eines seelischen Inhalts sind. Wir müssen nur lernen, durch richtiges Fragen diese seelischen Inhalte herauszufinden. Damit ist das Geschenk hinter der Krankheit ausgepackt.

Schlafstörungen

Zu den häufigsten gesundheitlichen Problemen, mit denen ich in meinen Coachings und Seminaren konfrontiert werde, gehören Schlafstörungen. Dabei handelt es sich um ein ernst zu nehmendes Anzeichen, das meist zum Symptombild eines Burn-outs und/oder einer klassischen Depression gehört. Sie äußern sich entweder in Form von Einschlafproblemen oder einer nur kurzen Tiefschlafphase, die kaum Erholung bringt. Nach einer mehr oder weniger langen Wachphase folgt dann nochmals ein kurzer tiefer Schlaf. Und gegen 4 Uhr morgens ist alles vorbei. Man liegt wach, und das Gedankenkarussell beginnt sich zu drehen. Alle anstehenden Sorgen und Probleme tauchen auf. Kurz vor der regulären Aufstehzeit schläft man dann endlich wieder ein und wacht völlig gerädert auf, wenn der Wecker klingelt.

Die Gründe für Schlafstörungen sind unterschiedlich. Meist werden sie durch psychische Faktoren wie Stress, Ärger und seelische Belastungen ausgelöst. Natürlich gibt es auch körperliche Ursachen. Auch Medikamente und Alkoholgenuss können den Schlaf stören. Hinzu kommt, dass sich der Schlafbedarf eines Menschen alters- und hormonbedingt verändert. Die Folgen von dauerndem Schlafmangel sind allerdings gravierend: Die Tagesmüdigkeit wächst, Leistungsfähigkeit, Kreativität und Konzentration nehmen ab. Die Organe und das Immunsystem können Schaden nehmen, von der erhöhten Unfallgefahr ganz zu schweigen.

Oft führen Schlafstörungen zu weiteren gravierenden Problemen, wenn man nämlich versucht, den Schlaf und die dazu nötige innere Ruhe durch verschiedene Maßnahmen oder Mittel zu erzwingen. Was mit ein, zwei Gläsern Bier oder Wein zur Beruhigung beginnt, endet oft im Alkoholismus. Aus einer Schlaftablette nach einem besonders stressigen Arbeitstag wird schnell eine handfeste Medikamentenabhängigkeit.

Ich bin der Ansicht, dass der Schlaf in unserem Lebensrhythmus mehr Aufmerksamkeit braucht. Nicht zuletzt benötigt unser Gehirn den Schlaf für alle unbewussten Verarbeitungsprozesse. Bei schlechtem Schlaf erschöpft sich das Gehirn, und seine Speicherkapazitäten nehmen ab. Eine Schlafstörung ist deshalb ein sehr ernst zu nehmendes Signal. Wenn Sie also feststellen, dass sich Ihr Schlafverhalten verändert, sollten Sie sich ein paar Fragen stellen.

Selbstbefragung bei Schlafstörungen

Die Selbstbefragung zur Auflösung von Ein- und Durchschlafproblemen könnte folgendermaßen lauten:
- Bin ich stolz auf meine Effizienz?
- Übernehme ich mehr, als ich eigentlich leisten kann/will?
- Was sagt mir meine innere Rastlosigkeit?
- Gibt es einen Grund, der mich keine Ruhe finden lässt?
- Was wäre, wenn ich Ruhe finden würde? Müsste ich mich dann mit Themen beschäftigen, vor denen ich davonlaufe?

Gesundheitliche **Probleme**

Verspannungen und Rückenschmerzen

Ein weiteres häufiges Beschwerdebild in unseren modernen, bewegungsarmen Zeiten sind schmerzhafte Muskelverspannungen. Gelegentlich spielen als Ursache Vorverletzungen oder eine zu geringe Flüssigkeitszufuhr eine Rolle. Gerade unsere Bandscheiben brauchen viel Flüssigkeit, um ihre Funktion wirklich erfüllen zu können. In vielen Fällen ist auch eine schwache Rücken- und Bauchmuskulatur die Ursache von Rückenproblemen. Aber auch hier spiegelt der Körper Seelenzustände wider. Ständige Überforderung, Leistungsdruck, ein Beruf, der einen nicht erfüllt oder langweilt, aber auch Depressionen, Vereinsamung und Sorgen können hartnäckige,

Selbstbefragung bei Verspannungen und Rückenschmerzen

Die Selbstbefragung bei solchen Formen von gesundheitlichen Einschränkungen könnte lauten:
- Fühle ich mich überfordert?
- Lasse ich mir von anderen Menschen meinen Alltag diktieren?
- Welche Lasten trage ich?
- Welche trage ich freiwillig und gerne?
- Welche Lasten möchte ich in Zukunft nicht mehr tragen? Und wieso lasse ich diese nicht einfach los?
- Was sind die positiven Seiten dieses Lastentragens?
- Kann ich diese positiven Seiten auch leben, in Freude, Freiheit und Leichtigkeit, ohne Lasten zu tragen?

schmerzhafte Verspannungen auslösen. Insbesondere Rückenschmerzen durch Verspannungen gehören zu einem der häufigsten Krankheitsbilder. Im Sprachgebrauch schlägt sich das in Redewendungen nieder wie: »Das hat mir das Kreuz gebrochen.«

Kopfschmerzen

Bei gelegentlich auftretenden Kopfschmerzen handelt es sich häufig um Spannungskopfschmerzen, die stressbedingt sind. Andere Ursachen können auch Aufenthalte in stickigen, überhitzten Räumen, langes Sitzen vor dem Computer, dem Fernseher oder an einem ergonomisch ungünstig eingerichteten Arbeitsplatz sowie Wetterumschwünge und Schlafmangel sein. Flüssigkeitsmangel kann ebenfalls Kopfschmerzen hervorrufen. Klassische Kopfschmerzauslöser sind auch Rauchen und Alkohol.

Die seelische Botschaft, die sich dahinter verbergen kann, können Sie durch Selbstbefragung herausfinden.

Selbstbefragung bei Kopfschmerzen

Bei chronischen Kopfschmerzen können folgende Fragen weiterhelfen:
- Was genau tut mir weh?
- Was lässt meinem Gehirn keine Ruhe?
- Worüber zerbreche ich mir meinen Kopf?
- Welche Lasten bringen meinen Kopf zum Platzen?
- Welche Sorgen und Ängste plagen mich?

Gesundheitliche **Probleme**

Übergewicht

Eine der Hauptursachen für die dramatische Zunahme von sogenannten Zivilisationskrankheiten (Herz- und Kreislaufprobleme, Bluthochdruck, Typ-2-Diabetes) ist Übergewicht. Oft werden dickere Menschen als wenig diszipliniert und faul eingeschätzt. Die seelische Komponente, die sich dahinter verbirgt, wird dabei oft ganz außer Acht gelassen. Essen kann eine Ersatzbefriedigung sein, weil das Leben als leer und langweilig empfunden wird. Oder man futtert sich einen Panzer an, weil man das Gefühl hat, sich damit besser schützen zu können. Oder weil man sich durch Essen so gut trösten kann. Weil man die Glückshormone, die einem der Alltag nicht beschert, ganz einfach in Form von Süßem zu sich nehmen

Selbstbefragung bei Übergewicht

Bei Übergewicht bieten sich die folgenden Fragen an:
- Vor was oder wem muss ich mich schützen? Und wie kann ich dieses Schutzbedürfnis verwirklichen, ohne übermäßig zu essen?
- Fühle ich in meinem Leben so etwas wie Leere? Welche Fülle hätte ich gerne in meinem Leben?
- Was macht mich traurig? Was außer Essen macht mich fröhlich, beschert mir inneres Lächeln?
- Welche Lasten sind zu schwer für mich? Wie kann ich diese Lasten und die körperlichen Lasten meines Übergewichts loslassen, und was wünsche ich mir stattdessen?

will. Auch fehlendes Sonnenlicht ist hierbei ein Faktor. Das Problem dabei ist, dass Übergewicht nicht nur unbeweglich und träge, sondern auch krank macht, da es den Stoffwechsel zum Entgleisen bringt. Einen Übergewichtigen allerdings aufzufordern, sich beim Essen einfach ein bisschen zusammenzureißen, ist dasselbe, als wenn man einem Alkoholiker den guten Rat gibt, er möge doch höchstens ein Glas Bier am Abend trinken, um sein Leben wieder in den Griff zu bekommen. Hinter jeder Sucht stecken eine oder mehrere unsichtbare Ursachen, eine »Sehn-Sucht« nach etwas anderem, bislang Unerfülltem. Diese Ursachen können wir jedoch durch eine intensive Selbstbefragung herausfinden.

Chronische und schwere Erkrankungen

Die Diagnose einer chronischen oder schwer zu behandelnden Krankheit wird immer als extremer Schicksalsschlag empfunden. Das ist im ersten Moment auch in Ordnung. Doch verbirgt sich selbst hinter dieser Bedrohung ein Problem, durch das man lernen und an dem man wachsen darf.

In solchen Fällen ist jedoch nicht nur die bestmögliche Behandlung wichtig, sondern auch das achtsame Fragen danach, woher diese Krisis rühren könnte. Denn nicht nur die Krankheit selbst, also die körperlichen Symptome, bedürfen der Aufmerksamkeit, sondern auch die Gründe für deren Entstehen. Ich habe in meinem Leben einige Spontanheilungen erlebt und kenne Menschen, die trotz negativer Prognosen heute immer noch wohlauf sind und ein erfüllteres Leben führen als zuvor. Dabei klingen die Geschichten der Spontanheilungen oft sehr ähnlich, und die meisten dieser Menschen sind einen ähnlichen Weg gegangen – einen Weg, der zunächst nach Innen und damit zu neuen Erkenntnissen über sich selbst führte.

Gesundheitliche **Probleme**

Loslassen

Wenn Sie erkennen, dass bestimmte Aufgaben und Werte, aber auch Sorgen und Ängste nicht die Ihren sind, dürfen Sie sie loslassen. Ein schönes Loslassritual können Sie an einem fließenden Gewässer durchführen. Schreiben Sie das, was Sie loslassen möchten, auf einen Zettel, zerreißen Sie diesen dann in kleine Fetzen und lassen Sie sie ins Wasser gleiten. Verabschieden Sie sich von dem, was Sie geschrieben haben. Sehen Sie zu, wie die Papierfetzen, auf denen all die belastenden Dinge stehen, die Sie nicht mehr in Ihrem Leben haben möchten, davonschwimmen. Natürlich können Sie den Zettel auch verbrennen, vergraben oder einfach in den Papierkorb werfen. Tun Sie das, was Ihnen Ihr Gefühl vorgibt. Spüren Sie nach, wie es Ihnen danach geht. Wie intensiv ist das Gefühl der Befreiung?

In einer solchen Lebenssituation ist die Unterstützung durch Außenstehende besonders wichtig. Sobald man mithilfe eines Freundes, Coachs oder Heilers herausgefunden hat, welcher Trigger die Krankheit ausgelöst hat, ist man bereits auf dem Weg zur Problemlösung. In dem Moment, in dem der Trigger entdeckt und abgestellt ist, bildet sich die Krankheit oft zurück. Auch im Hinblick auf Krebs bin ich der festen Überzeugung: So wie eine falsche Programmierung zu einem falschen Wachstum von Körperzellen führt, so kann auch eine richtige Programmierung einen Heilungsprozess einleiten. Man hat bisher noch nicht herausgefunden, warum sich Zellen umprogrammieren. Fakt ist jedoch, dass sie es manchmal tun. Es gibt verschiedene Methoden, sich umzuprogrammieren, die ich hier nicht darstellen kann, da sie den Rahmen dieses Buches sprengen würden. Die Schlüsselerlebnisse bei Spontanheilungen lauten jedoch immer: »Ich habe erkannt, warum etwas passiert oder in mein Leben getreten ist. Ich ändere mich und lasse es los.«

Wenn wir uns im Fall einer schweren Krankheit selbst befragen, geht es jedoch weniger darum, herauszufinden, inwiefern ich dazu beigetragen habe, dass ich so krank geworden bin. Das führt nur zu Schuldgefühlen, und die sind in diesem Zusammenhang fruchtlos. Es geht hier wieder um das Thema des achtsamen Umgangs mit sich selbst und des (Wieder-)Entdeckens seiner inneren Stimme, die einem die richtige Richtung weisen kann.

Es geht darum, das Problem-Geschenk auszupacken und das Geschenk zu erkennen. Auf diesem Weg sind Sie jetzt schon weit gekommen.

Selbstbefragung bei chronischer Krankheit

So kann man sich im Fall einer chronischen oder schweren Krankheit beispielsweise liebevoll fragen:
- Was frisst mich von innen auf?
- Was schwächt mich?
- Lebe ich nach Mustern, die mir aufgezwungen wurden?
- Wie lebe ich mein Mann- oder Frausein?
- Was will mir diese Krankheit sagen?
- Was sind die Chancen dahinter?
- Was möchte ich wirklich?

PROBLEME IN DER BEZIEHUNG

Ein weiteres Grundproblem, mit dem ich in meinen Seminaren und Coachings oft konfrontiert werde, liegt auf der Paarebene. Ich selbst lebte 17 Jahre in einer Beziehung, die völlig in Ordnung und von gegenseitigem Respekt und Freundschaft getragen war. Unsere Freunde hielten uns für ein Traumpaar. Allerdings gab es ein Grundgefühl, das mich hinderte und bremste: Ich langweilte mich und fühlte mich in meinen Möglichkeiten beschränkt. Als meine Exfrau eine Beziehung zu einem anderen Mann einging, war ich dennoch enorm verletzt. Erst nach einer gewissen Zeit erkannte ich das Geschenk dahinter. Wir waren mehr gute Freunde als Liebende gewesen, und erst in ihrer neuen Beziehung konnte sie wirklich Liebe empfinden. Das Geschenk für mich war, dass auch ich mich immer nach dieser tiefen Liebe gesehnt hatte, dies aber bis zu diesem Moment ins Reich der Hollywoodfilme und Schnulzenromane verwiesen hatte. Erst nach meiner Trennung spürte ich ganz tief in mir und ganz klar, dass auch ich diese Form der Liebe erfahren wollte und in meinem Leben finden konnte.

Viele Menschen bleiben jedoch nur deshalb zusammen, weil sie Angst davor haben, allein zu sein, und weil ihnen ihre Beziehung ein gewisses Maß an oberflächlicher Sicherheit bietet.

Andere wiederum verstecken sich und ihr Selbst regelrecht vor dem Partner. Aus Angst, verletzt zu werden, lassen sie den anderen nicht nahe genug an sich heran, als dass sich wirkliche, tiefe Gefühle entwickeln könnten.

Wieder andere werfen vorschnell das Handtuch. Sobald der erste Rausch der Verliebtheit nachlässt, wird die Partnerschaft an sich infrage gestellt. Bloß nichts überstürzen, da draußen wartet bestimmt noch jemand, der besser zu einem passt. Das Problem in diesem Fall ist bloß: Egal mit wie vielen Partnern man sich auch einlässt – es gibt immer einen besseren.

Selbstbefragung in der Partnerschaft

Auch beim Thema Partnerschaft ist eine Selbstbefragung sinnvoll und nützlich. Nachfolgend einige Fragen, die in Beziehungsthemen hilfreich sein können:
- Freue ich mich jeden Tag über den Menschen an meiner Seite oder nicht? Freue ich mich, wenn sie oder er nach Hause kommt?
- Was liebe ich an ihm oder ihr ganz besonders?
- Was wünsche ich mir anders? Und weiß er oder sie das überhaupt?
- Muss ich so oder so sein, damit er mich liebt?
- Liebe ich mich eigentlich selbst?

Um mehr Klarheit zum Thema Trennung zu bekommen, kann man sich folgende Fragen stellen:
- Möchte ich ein neues Feuer in dieser Beziehung brennen lassen?
- Welche Chancen habe ich durch eine Trennung?
- Was ist das Schlimmste, was passieren kann, wenn ich eine mit Problemen beladene Beziehung auflöse?

Hilfe annehmen

Eine Paarberatung kann grundsätzlich hilfreich sein. Unter der Moderation eines Therapeuten oder eines Coachs lernt man, sich die wunderbaren Eigenschaften seines Partners wieder bewusst zu machen. Alte Wunden können zum Heilen gebracht werden. Nebel können sich lichten, die einem den Blick auf den Partner verdeckt

Probleme in der Beziehung

haben. Man lernt, Eifersucht und Konflikte auszuhalten. Diese sind wichtig und bieten Chancen, sich zu begegnen, voneinander zu lernen und sich gemeinsam weiterzuentwickeln.

Vielleicht merkt man aber während der Paarberatung auch, dass dieser gemeinsame Lebensabschnitt beendet ist und es heißt, in Würde, Freundschaft, Verständnis und gegenseitiger Wertschätzung Abschied zu nehmen. Denn es ist nicht unrecht oder unethisch, sich zu trennen. Aber auch dann hat es sich gelohnt, der Beziehung zu zweit diese Chance zu geben, und man kann in Freundschaft und ohne Groll Abschied nehmen.

Die Geschichte von Iris T.

Iris T., 43 Jahre: Vor fünf Jahren entwickelte ich eine schwere Depression. Ich hielt mich nur mit Mühe aufrecht, schaffte es aber, die Fassade meiner Familie aufrechtzuerhalten. Die Fassade sah so aus: erfolgreicher, sportlicher Mann, attraktive, sportliche Frau, die ihm den Rücken frei hält, zwei nette Kinder, die wunderbar funktionieren. Mein Mann sorgte gut für uns, er plante unsere Urlaube und bestimmte, wo es hinging. Er baute uns ein Haus, das ich einrichten und hüten durfte. Er leitete all unsere Geschicke. Mein Mann war es auch, der mich zu einer Psychiaterin brachte, als er merkte, dass ich mein Leben nicht mehr im Griff hatte. Die verschrieb mir gleich Medikamente, die mich wieder auf die Beine brachten. Ich konnte wieder schlafen, Sport machen, meinem Job nachgehen, mich um die Kinder und den Haushalt kümmern. Ich lebte wie in einem Nebeltraum, nahm meine Umwelt nicht mehr richtig wahr, und letztlich war mir alles herzlich egal. Hauptsache, es ging irgendwie weiter. Nach einer Weile kam ich darauf, dass mein Mann eine Affäre mit seiner Assistentin unterhielt. So richtig klassisch: 20 Jahre jünger

> als ich, dieselbe Haarfarbe, nicht depressiv, und sie betete ihn an. Ich war fassungslos und stellte ihn zur Rede. Er schwor, dass er die Beziehung beenden würde, denn ich und die Familie wären sein Ein und Alles. Dieser Vertrauensbruch löste etwas in mir aus. Ich begann mit einer Gesprächstherapie und fand mit der Zeit heraus, dass meine Depression wohl nicht nur ein Ausdruck meiner Erschöpfung war. Sie war das Vehikel, mit dem ich unsere mit der Zeit erloschene Beziehung irgendwie aufrechterhalten hatte – allerdings auf meine Kosten. Diese Erkenntnis aus den intensiven Selbstbefragungen wirkte unglaublich stark. Ich fasste den Mut, mich zu trennen, und bat meinen Mann auszuziehen. Seine Beziehung zu der anderen Frau hatte er, wie ich erfahren musste, nicht aufgegeben. Vor einem halben Jahr reichte ich die Scheidung ein. Sie lief einvernehmlich ab, und mir geht es heute sehr gut. Ich mache eine Fortbildung in meinem Beruf als Körpertherapeutin, habe einen neuen Mann kennengelernt, der der komplette Gegenentwurf zu meinem Ex-Mann ist, und werde demnächst in eine schöne Wohnung ziehen, da ich in unserem Haus nicht mehr wohnen will.

PROBLEME MIT GELD

In unserer Welt werden Geld und Glück gern gleichgesetzt. Je mehr wir also verdienen, desto zufriedener müssten wir sein. Völlig ausgeblendet wird dabei, dass Menschen auch krank und unglücklich werden, wenn sie ihre gesamte Lebensenergie ins Geldverdienen stecken. Für Freunde und Familie oder sinnstiftende Beschäftigungen, die kein Geld abwerfen, bleibt bei einer solchen Lebenseinstellung keine Zeit. Stattdessen verbringt man einen weiteren Teil seiner Zeit damit, von diesem Geld Dinge zu kaufen, die man eigentlich nicht braucht. Geld ist das Goldene Kalb unserer Zeit. Es dominiert alles. Um diese alles durchdringende und letztlich zerstörerische Macht

Probleme **mit Geld**

zu begrenzen, bleibt uns nur eines: ein bewusster Umgang mit dieser Energieform.

Dabei geht es um zwei zentrale Fragen: Wie viel von welcher Energie muss ich einsetzen, um einen bestimmten Geldbetrag zu erwirtschaften? Rechtfertigt das, was ich für diesen Geldbetrag dann erhalte, den ganzen Aufwand? Bedenken Sie auch, dass sich der Satz »Zeit ist Geld« nicht einfach wenden lässt in »Geld ist Zeit«. Geld ist vielmehr ein Fresser von Zeit, von Lebenszeit.

Ein Gedanke von Mark Twain

»Heute in zwanzig Jahren wirst du mehr enttäuscht sein über die Dinge, die du versäumt hast, als über die, die du getan hast. Also mach' die Leinen los, verlass' den Hafen, fang' den Fahrtwind in deinen Segeln. Forsche. Träume. Entdecke.«

In meinen Seminaren begegnet mir dieses »Geld-Problem« allzu häufig. Nur: Wer mit seinem Geld nicht auskommt, verdient nicht immer unbedingt zu wenig. Viele Menschen leben ganz einfach über ihre Verhältnisse. Das ist oft ein Ausdruck für unbefriedigte Bedürfnisse, welche die Wünsche immer größer werden lassen.

Statt Frust-Essen oder Frust-Shoppen macht es viel mehr Sinn, die vermisste Lebensfreude ganz woanders zu suchen und zu finden: in der Ruhe, im Zu-sich-Kommen, beim Meditieren, bei Qi Gong oder Yoga, in der Natur, im persönlichen, inspirierenden Gesprächen mit tollen Menschen. Und wenn man in der Vergangenheit so viele Schulden angehäuft hat, dass man sie nicht mehr bewältigen kann, ist die Privatinsolvenz auf jeden Fall die bessere Lösung als vier Jobs gleichzeitig, die einen in das Burn-out treiben.

Bei akuten oder chronischen Finanznöten lohnt sich immer ein Blick hinter die Kulissen. Auch echte Sicherheit stammt nie von einem noch so gut gefüllten Geldkonto, sondern kommt immer tief aus einem selbst heraus.

Selbstbefragung zum Thema Geld

Wenn Geld ein großes Thema in Ihrem Leben ist, dann versuchen Sie es mit folgenden Fragen:
- Was ist mir wirklich wichtig im Leben?
- Was sind meine wichtigsten Werte?
- Was brauche ich wirklich, um glücklich zu sein?
- Was würde ich tun, wenn mir nur noch ein Jahr Zeit zu leben bliebe?

Ich hoffe sehr, dass ich Ihnen mit diesem Buch helfen konnte, die Problem-Geschenke, die Ihnen Ihr Leben bereitet, zu erkennen, anzunehmen und zu wertschätzen. Abschließen möchte ich mit einem Zitat von Paul Watzlawick: »Wenn du immer wieder das tust, was du schon immer getan hast, dann wirst du immer wieder das bekommen, was du schon immer bekommen hast. Wenn du etwas anderes haben willst, musst du etwas anderes tun! Und wenn das, was du tust, dich nicht weiterbringt, dann tu etwas völlig anderes – statt mehr vom gleichen Falschen.«

Mein Qi-Gong-Programm

氣功

Qi Gong ist ein wichtiges Element in meinem Leben und auch in meinen Seminaren. Immer wieder stelle ich mit großer Freude fest, dass es den meisten Seminarteilnehmern bereits durch wenige Qi Gong-Übungen gelingt, wieder oder besser mit sich selbst in Kontakt zu kommen. Dies ist besonders beim Auftauchen von Problemen unendlich wertvoll, weil die in den meisten Problemen verpackten Geschenke anfangs nicht von unserem Kopf, sondern nur von unserem Inneren, von unserem Herzen wahrgenommen werden können.

Wortwörtlich übersetzt heißt Qi Gong »Arbeit mit Energie« oder »Kultivieren der inneren Stärke«. In fernöstlichen Kulturen ist die Bedeutung von Qi oder Qi Gong ganz klar; beides stellt einen Teil des Lebens der Menschen dort dar. Um uns Europäern die Bedeutung von Qi deutlicher zu machen, verwenden die Qi Gong-Meister Sifu Yeshe Gyatso und Pavel Simon folgendes Gleichnis: Überall in unserem Leben sind wir umgeben von Luft. Tatsächlich leben wir am Boden eines gigantischen Ozeans aus Luft und sind uns dennoch dessen nicht wirklich bewusst. Unsere Sinne nehmen die uns umgebende Luft gerade einmal beim Atmen und durch den Wind wahr. In derselben Art sind wir auch umgeben von einem Ozean aus Energie oder Qi. Und weil dieses Qi noch weniger substanziell wahrnehmbar ist als Luft, darf es nicht wundern, dass ein Großteil der Menschen diese Energie kaum wahrnimmt.

Im Qi Gong geht es vornehmlich um das Qi, welches Körper und Geist reguliert und erfrischt, um unsere Lebensenergie also.

Meine Übungen, die ich regelmäßig praktiziere, entstammen dem Shaolin Qi Gong und dem »Eagle in the Nest-Qi Gong« von Sifu Yeshe Gyatso und Pavel Simon.

DAS QI AKTIVIEREN

Tragen Sie bequeme Kleidung. Wenn Sie gleich nach dem Aufstehen üben, duschen Sie zuerst und üben Sie dann in aller Ruhe vor dem Frühstück. Wenn Sie zu kalten Füßen neigen, können Sie warme Socken anziehen. Ansonsten ist es sehr wohltuend, barfuß zu üben. Wichtig ist beim Qi Gong immer, eine gute Verwurzelung mit dem Boden herzustellen.

Bereiten Sie sich immer auf das Üben vor, vor allem innerlich, mit einem »inneren Lächeln«, das die Energien zum Fließen bringt. Lächeln Sie, bevor Sie mit dem Üben beginnen. Tun Sie dies für sich und lassen Sie das so entstehende angenehme, warme Gefühl durch Ihren Körper strömen. Am Anfang – vor allem wenn Sie es noch nicht gewohnt sind, sich selbst zuzulächeln – mag Ihnen das etwas

Das Qi aktivieren

seltsam vorkommen. Aber Sie werden sehen: Nach einigen Tagen ist dieses »innere Lächeln« eine Selbstverständlichkeit, die Sie auch in Ihren Tag und in Ihr Tun hineintragen.

Was Sie zum Üben brauchen

Üben Sie möglichst regelmäßig. Ich übe am liebsten morgens 20 bis 30 Minuten lang. So starte ich voller Energie und ganz in meiner Mitte in den Tag. Selbstverständlich können Sie auch zu einem anderen Tageszeitpunkt üben.

Haben Sie Geduld und lernen Sie die Bewegungen nach und nach. Seien Sie wohlwollend mit sich selbst, auch wenn Sie eine Übung noch nicht perfekt durchführen. Ihre innere Haltung ist dabei wichtiger als Ihre äußere.

Stehen Sie einfach 15 Minuten oder eine halbe Stunde früher auf und gönnen Sie diese Zeit ganz sich selbst und Ihrem Üben.

Bleiben Sie dran! Psychologen haben festgestellt, dass wir im Durchschnitt 22 Tage regelmäßiger Wiederholung einer Tätigkeit benötigen, um sie zur Gewohnheit werden zu lassen. Anders ausgedrückt: Nach weniger als einem Monat gehört Qi Gong zu Ihrem Leben, und Sie dürfen sich jeden Tag darauf freuen!

Begrüßung

1. Falten Sie Ihre Hände vor der Brust. Ihre Ellenbogen befinden sich dabei in Höhe der Handwurzeln.
2. Verbeugen Sie sich und begrüßen Sie, was immer es zu begrüßen gibt: sich selbst, das Qi, Ihr Leben …

MEIN QI-GONG-PROGRAMM

Basisstand

1. Stellen Sie Ihre Beine schulterbreit auseinander. Die Füße sind parallel.
2. Verteilen Sie Ihr Gewicht gleichmäßig auf den Schwerpunkt in Ihrer unteren Mitte. Versuchen Sie, Ihr Gewicht auf den Punkt zwischen den Fußballen und Fersen zu konzentrieren. So haben Sie einen starken Stand, und die Energie kann gleichmäßig durch Sie hindurchströmen.
3. Beugen Sie leicht Ihre Knie, aber nur so weit, dass sie eine Linie mit Ihren Zehen bilden.
4. Schieben Sie Ihr Becken etwas nach vorne, sodass sich Ihr Rücken dabei aufrichtet. Stehen Sie dabei entspannt.
5. Halten Sie den Kopf aufrecht, das Kinn zeigt dabei nach vorne und leicht nach unten. So bleiben Sie im Nacken aufrecht.
6. Ihre Augen sind geöffnet, und Ihr Blick ist nach vorne gerichtet. Ihr Kiefer ist leicht geöffnet, die Lippen sind geschlossen. Die Zunge liegt entspannt im Mundraum.
7. Entspannen Sie Ihren Unterbauch.
8. Achten Sie auf entspannte Schultern und Oberkörper.
9. Konzentrieren Sie sich auf den unteren Dantien. Dieses Energiezentrum liegt etwa zwei Fingerbreit oberhalb des Bauchnabels und ein Drittel Ihrer Körpertiefe nach innen.
10. Schließen Sie nun Ihre Augen und lassen Sie ein Lächeln durch Ihren ganzen Körper strömen. Lächeln Sie zuerst Ihre Augen an, Ihre Gesichtsmuskulatur, den Punkt zwischen Ihren Augenbrauen und den Bereich um Ihren Mund herum, dann Ihren ganzen Kopf, und gehen Sie so Ihren ganzen Körper durch bis hinunter zu den Fußsohlen. So erreichen Sie bereits einen Zustand tiefer Entspannung.

Das Qi **aktivieren** 氣功

Basisstand

MEIN QI-GONG-PROGRAMM

Qi wecken

1. Reiben Sie Ihre Handflächen vor sich in Schulterhöhe. Achten Sie dabei darauf, dass Ihre Schultern locker sind und sich nicht verspannen.
2. Nun »waschen« Sie Ihren rechten Arm und streichen dazu mit der linken Handfläche über den rechten Arm bis zur Schulter.
3. Reiben Sie anschließend wieder Ihre Hände in Schulterhöhe und »waschen« Sie anschließend Ihren linken Arm mit der rechten Handfläche.
4. Reiben Sie Ihre Hände vor sich in Schulterhöhe.
5. Streichen Sie sich nun drei Mal über das Gesicht und Ihren Kopf bis zum Hinterkopf und massieren Sie Ihren Kopf, Ihren Hals und Ihren Nacken.
6. Reiben Sie Ihre beiden Ohrläppchen und wandern dann massierend hoch bis zur Ohrmuschel.
7. Reiben Sie wieder Ihre Hände in Schulterhöhe.
8. Legen Sie beide Hände mittig unterhalb Ihrer Brust auf und streichen Sie dabei kreisend im Uhrzeigersinn über Ihren Bauch. Stellen Sie sich dabei vor, wie die Energie aus den Handflächen in Ihre inneren Bauchorgane läuft.
9. Reiben Sie nun mit den Handflächen den Bereich der Nieren von oben nach unten.
10. Ballen Sie die Hände zu Fäusten und reiben mit den Fingerknöcheln die Bereiche links und rechts von Ihrer Lendenwirbelsäule.
11. Reiben Sie erneut Ihre Hände in Schulterhöhe.
12. Streichen Sie nun Ihre Beine außen und innen sowie vorne und hinten mehrmals nach unten hin ab.

Das Qi aktivieren

Aufwärmphase

1. Kreisen Sie locker mit den Schultern sieben Mal nach vorne und dann nach hinten. Die Arme hängen dabei locker.
2. Senken Sie den Kopf konzentriert nach vorne in Richtung des Brustbeins und atmen Sie dabei tief ein und wieder aus. Heben Sie dann Ihren Kopf wieder gerade nach oben und lassen Sie ihn nach hinten in den Nacken sinken. Atmen Sie dabei tief ein und wieder aus. Bringen Sie Ihren Kopf wieder in einer geraden Linie nach vorne. Wiederholen Sie diesen Bewegungsablauf noch einmal.
3. Drehen Sie nun Ihren Kopf abwechselnd nach links und rechts und blicken über Ihre Schulter. Schauen Sie dabei geradeaus, nicht nach unten. Atmen Sie tief ein und wieder aus. Drehen Sie den Kopf wieder nach vorne. wiederholen Sie den Bewegungsablauf noch einmal.
4. Kreisen Sie mit Ihrem Becken. Bilden Sie zuerst kleine Kreise, dann immer größere und lassen diese dann wie bei einer Spirale kleiner werden.
5. Legen Sie nun Ihre Unterarme ineinander und beugen Sie sich nach vorne, bis sich Ihr Oberkörper nach unten »aushängt«. Spannen Sie Ihre Gesäß- und Bauchmuskeln an. Lassen Sie Ihre Arme nach unten hängen und richten Sie Ihren Oberkörper langsam Wirbel für Wirbel wieder auf.

Die gesamte Übung erfolgt langsam und mit Konzentration. Beugen Sie beim Abwärtsbewegen Ihrer Arme Ihre Beine leicht und strecken Sie diese beim Einatmen etwas, sodass eine kleine Hochtief-Bewegung entsteht, bei der die Beine jedoch nie ganz durchgestreckt sind. Lassen Sie Ihren Atem ganz natürlich fließen.

MEIN QI-GONG-PROGRAMM

Reinigungsübung

Führen Sie die folgende Übung drei Mal hintereinander durch.

1. Führen Sie beim Einatmen Ihre Handflächen wie zwei Magneten an Ihrer Körpervorderseite ein paar Zentimeter vor Ihrem Körper hoch, vom Becken bis zum Gesicht und weiter über Ihren Kopf bis in den Nacken. Sammeln Sie dabei die alte Energie (Qi) und schieben Sie diese beim Ausatmen seitlich weg. Nehmen Sie das erleichternde Gefühl wahr.
2. Sammeln Sie beim Einatmen mit offenen Armen neue, frische Energie und lassen Sie diese durch Ihren ganzen Körper strömen, während Sie ausatmend Ihre Hände vor dem Körper nach unten führen.

Alles Einstellungssache

1. **Nehmen Sie sich die Zeit, die Übungen langsam zu erlernen. Es ist noch kein Meister vom Himmel gefallen!**
2. **Setzen Sie sich keine unrealistischen Ziele und überfordern Sie sich nicht.**
3. **Üben Sie regelmäßig, auch wenn Sie wenig Zeit haben. Selbst 5 Minuten Übung haben ihre Wirkung!**
4. **Seien Sie nicht perfektionistisch, aber bleiben Sie dran. Übung macht bekanntlich den Meister!**
5. **Schenken Sie sich immer wieder ein inneres Lächeln!**

Das Qi aktivieren 氣功

Reinigungsübung

MEIN QI-GONG-PROGRAMM

Weiße Energie

Diese Übung wirkt beruhigend und stärkt die Yin-Organe Leber, Herz, Milz, Lunge und Nieren.

1. Achten Sie darauf, dass Sie im Basisstand stehen. Beugen Sie nun etwas stärker Ihre Knie. Ihre Handflächen zeigen nach vorne.
2. Heben Sie langsam seitlich Ihre Arme mit den Handflächen nach oben. Führen Sie die Arme hoch über Ihren Kopf, wobei die Fingerspitzen der geöffneten Handflächen zueinander weisen, sich aber nicht berühren. Dabei gehen Sie mit den Knien in eine leichte Streckung, ohne den Basisstand zu verlieren.
3. Führen Sie die Arme in dieser Handhaltung nach unten vorbei an Ihrem Gesicht, an Ihrem Brustkorb bis hinunter zu Ihrem Becken. Die Handflächen zeigen bei dieser Bewegung nach unten. Der ganze Bewegungsablauf fühlt sich so an, als ob Sie ihn unter Wasser ausführen würden. Die Knie gehen bei der Abwärtsbewegung wieder in eine etwas stärkere Beugung. Die Handflächen zeigen zum Schluss wieder nach vorn, die Arme hängen locker an den Seiten.
4. Wiederholen Sie den Bewegungsablauf noch elf Mal.

Das Qi aktivieren

Weiße Energie

Goldene Energie

Dieser Bewegungsablauf entspannt die Ellenbogengelenke und verbessert den Energiefluss an den Fußgelenken und den Knien.

1. Sie stehen im Basisstand.
2. Halten Sie Ihre linke Hand mit der Handfläche nach unten vor Ihren Nabel. Der linke Arm ist in einem 45-Grad-Winkel nach außen und vorne geöffnet, die Handfläche zeigt dabei nach oben. Beide Hände bewegen sich nun in Kreisen. Der geöffnete Arm bewegt sich auf den Körper zu und wird vor dem Körper langsam nach unten und dann wieder in den 45-Grad-Winkel bis zur Ausgangsposition zurückgeführt.
3. Die andere Hand wird in einer gegenläufigen Bewegung vom Nabel nach unten und dann mit nach oben geöffneter Handfläche nach oben geführt. Danach führen Sie diese vor dem Körper wieder nach unten bis in die Ausgangsposition.
4. Gemeinsam mit dieser Bewegung der Arme drehen Sie Ihren Oberkörper nun in der Hüfte jeweils in Richtung des »geöffneten« Armes und führen Ihren Kopf wie mit einer Halskrause fixiert mit.
5. Wiederholen Sie den Bewegungsablauf sieben Mal.

Das Qi **aktivieren** 氣功

Goldene Energie

MEIN QI-GONG-PROGRAMM

Die Steinscheibe kreisen lassen

Diese Übung wirkt sich positiv auf den Rücken aus, sollte allerdings nicht im ersten und letzten Schwangerschafts-Trimenon durchgeführt werden.

1. Achten Sie auf Ihren Basisstand.
2. Nehmen Sie Ihre Hände über Ihren Kopf, als ob Sie eine große Steinscheibe halten würden.
3. Halten Sie die Knie während dieser speziellen Übung durchgehend gestreckt und lehnen Sie sich nun so weit wie möglich nach rechts. Spüren Sie die Dehnung in Ihrer linken Körperhälfte. Kippen Sie dabei mit dem Oberkörper nicht nach vorne. Nach dem Erreichen der maximalen Dehnung rollen Sie mit dem Oberkörper nach unten und vorne. Lassen Sie den Rücken und Ihren Nacken lang werden. Der Kopf ist entspannt.
4. Ihre Handflächen zeigen nun nach oben. Schwingen Sie nach links und dann langsam über die Seite nach oben. Bleiben Sie aufrecht und schieben Sie Ihr Becken leicht nach vorne.
5. Wiederholen Sie diese Bewegung sieben Mal nach rechts, ändern Sie dann in der nach vorne gebeugten Stellung Ihre Drehrichtung und führen Sie sieben Bewegungen nach links aus.
6. Enden Sie wieder in der nach vorne gebeugten Position und richten Sie sich dann ganz langsam auf.
7. Sobald Sie gerade stehen, richten Sie auch Ihren Kopf wieder auf. Lassen Sie die Arme auseinandergleiten, lassen Sie die Steinscheibe los und beugen Sie leicht die Knie.

Das Qi **aktivieren**

Steinscheibe kreisen

Die Schwingen nach Nord und Süd ausbreiten

Teil 1

1. Bringen Sie Ihre Hände mit den Handflächen nach außen vor Ihre Brust. Die Handaußenflächen berühren sich dabei.
2. Bringen Sie Ihre Hände in einer flüssigen Bewegung vor Ihr Gesicht und hoch über Ihren Kopf. Die Handflächen drehen Sie dabei nach außen. Bringen Sie die Arme in einem Bogen langsam nach unten bis auf Höhe der Schultern. Kippen Sie Ihre Handflächen nach unten und lassen Sie Ihre Arme in einer Kreisbewegung sinken. Dabei beugen Sie Ihre Knie. Kehren Sie in die Ausgangsposition zurück.
3. Wiederholen Sie diesen Bewegungsablauf nach Möglichkeit mindestens zehn Mal.

Teil 2

1. Bringen Sie Ihre Hände mit den Handflächen nach außen vor Ihre Brust. Die Handaußenflächen berühren sich dabei.
2. Drehen Sie Ihren Oberkörper aus der Hüfte so weit wie möglich nach rechts und drehen Sie Ihre Handflächen dabei nach außen. Schieben Sie nun Ihre Handflächen weit nach außen und wenden sich mit Oberkörper und Kopf Ihrer hinteren Hand zu. Sobald Sie die fast volle Streckung erreicht haben, senken Sie Ihre Hände, sodass Ihre Finger locker und entspannt nach unten hängen.
3. Senken Sie die Arme langsam kreisförmig weiter und drehen sich dabei wieder nach vorne in die Ausgangsposition.
4. Wiederholen Sie diesen Bewegungsablauf zur anderen Seite hin und führen Sie die Übung insgesamt sechs Mal auf jeder Seite durch.

Das Qi **aktivieren** 氣功

Schwingen ausbreiten, Teil 1 und 2

MEIN QI-GONG-PROGRAMM

Teil 3

1. Bringen Sie Ihre Hände mit den Handflächen nach außen vor Ihre Brust. Die Handaußenflächen berühren sich dabei. Die Fingerspitzen zeigen nach oben.
2. Führen Sie Ihre Hände in einer kreisförmigen Bewegung nach unten und außen und weiter nach oben bis über den Scheitel und dann wieder vor Ihren Körper.
3. Beugen Sie Ihre Knie bei jeder Abwärtsbewegung Ihrer Arme und strecken Sie diese wieder bei jeder Aufwärtsbewegung.
4. Wiederholen Sie diese Übung mindestens zehn Mal.

Teil 4

1. Setzen Sie die Übung wie in Teil 3 beschrieben fort, drehen Sie jedoch Ihren Oberkörper und Kopf zur einen Seite, sobald sich Ihre Hände vom Herzen abwärts bewegen.
2. Drehen Sie Ihren Oberkörper während der folgenden Aufwärtsbewegung wieder nach vorne. Danach führen Sie denselben Bewegungsablauf zur anderen Seite durch.
3. Wiederholen Sie diese Übung nach Möglichkeit mindestens sechs Mal pro Seite.

Das Qi **aktivieren**

Schwingen ausbreiten, Teil 3 und 4

Die Energie reinigen

1. Gehen Sie in den Basisstand und halten Sie die Arme so vor sich, als wollten Sie einen Baum umarmen. Bewegen Sie nun die Arme vor den Brustkorb, so als ob Sie ein Rad von oben anfassen würden. Mit der Aufwärtsbewegung strecken Sie auch leicht die Knie.
2. Bringen Sie Ihre Hände mit den Handflächen nach unten entlang der Mittellinie des Körpers bis auf Hüfthöhe. Die Fingerspitzen zeigen dabei nach vorne. Sie gehen in der Bewegung leicht in die Knie.
3. Sobald Sie mit den Handflächen auf Hüfthöhe angelangt sind, drehen Sie diese, sodass die Handflächen nun nach oben statt nach unten zeigen.

Wiederholen Sie jetzt den gesamten Bewegungsablauf ohne Pause sechs Mal. Atmen Sie dabei in Ihrem Rhythmus.

Sich zur Erde beugen – zum Himmel öffnen

1. Gehen Sie in den Basisstand und halten Sie die Arme so vor sich, als wollten Sie einen Baum umarmen. Setzen Sie nun den rechten Fuß um circa 45 Grad seitlich und den linken Fuß um ungefähr 90 Grad nach links. Dann drehen Sie Ihren Körper so, dass Sie auf die Zehenspitzen des linken Fußes ausgerichtet sind. Strecken Sie dabei die Arme seitlich, bis Sie ein leichtes Ziehen in der Brustmuskulatur spüren. Die Arme sind dabei in den Ellbogen gebeugt. Die Fingerspitzen zeigen nun nach vorne.

2. Strecken Sie nun Ihr Kinn nach vorne und leicht nach oben. Während des gesamten Bewegungsablaufs liegt das Körpergewicht auf dem hinteren Fuß. Drücken Sie kurz Ihr Becken nach vorne und beugen Sie sich dann vornüber, immer noch mit dem Gewicht auf dem hinteren Fuß. Bringen Sie schließlich Ihre Hände bis zu den Zehen Ihres linken Fußes oder so weit hinunter, wie Sie können. Sobald Sie sich nach vorne sinken lassen, sinkt auch Ihr Kinn auf das Brustbein.
3. Bewegen Sie sich nun wieder aufwärts, indem Sie die Hände entlang des linken Beines hinauf bis zum Knie führen. Kommen Sie dann in eine aufrechte Position und führen Sie Ihre Arme gerade vor dem Körper bis auf Herzhöhe. Die Fingerkuppen zeigen dabei nach unten. Das Kinn bleibt in Richtung Brustbein gebeugt, bis Sie sich in einer aufrechten Stellung befinden. Dann breiten Sie Ihre Arme aus und führen die Bewegung noch einmal von Anfang an durch.
4. Nach der dritten oder vierten Wiederholung ziehen Sie die Zehenspitzen des linken Fußes während des Vorwärtsbeugung nach oben, sodass nur noch Ihre Ferse mit dem Boden Kontakt hält. Wenn Sie sich dann in die Aufrechte begeben, stellen Sie wieder den ganzen Fuß auf. Drehen Sie dann den linken Fuß 135 Grad nach innen und den rechten Fuß weiter nach rechts, so dass sich Ihre neue Position spiegelbildlich zur Ausgangsstellung befindet. Wiederholen Sie dann den gesamten Bewegungsablauf zur anderen Seite.

NACHWORT

Abschluss des Übens

Nehmen Sie zum Abschluss wieder den Basisstand ein. Nehmen Sie ganz bewusst Ihre Atmung wahr, wie die Luft durch Ihre Nase ein- und ausströmt, wie sich dabei Ihre Bauchdecke und Ihr Brustkorb heben und senken. Spüren Sie nach, was sich in Ihrem Körper verändert hat, vielleicht nehmen Sie Gefühle wie Wärme oder Weite wahr, vielleicht ein Kribbeln in Ihren Fingern.

NACHWORT

Vielleicht haben Sie ja bereits während der Zeit, in der Sie dieses Buch gelesen haben, einige Geschenke entdeckt, die sich hinter den Problemen in Ihrem Leben verborgen haben.

Ich wünsche Ihnen, dass Sie bei allen zukünftigen Problemen und Sorgen neben den damit verbundenen belastenden Faktoren auch immer mehr die dahinterstehenden Geschenke wahrnehmen. Dass Sie immer öfter ein Gefühl von »Hurra, ein Problem!« empfinden. Dass Sie sich darauf freuen, all die in Ihrem Leben auftauchenden Geschenke zu finden, sie auszupacken und für ein erfüllendes und authentisches Mensch-Sein zu nutzen.

Wenn Sie sich weitere Unterstützung wünschen, so finden Sie auf Seite 169 einen Gutschein für eine Ermäßigung von 10 % auf die Teilnahme an einem meiner Seminare.

Ich freue mich auf Sie!

Herzlich Ihr

Darf's noch mehr sein?
Karl Rabeder
hautnah

Erleben Sie Karl Rabeder live – mit diesem exklusiven Gutschein erhalten Sie einen

Rabatt von 10 %

auf alle Seminare des Erfolgsautors.

Also gleich ausschneiden und bei der Anmeldung über das Kontaktformular auf der Homepage des Autors einlösen – unter http://www.rabeder.com

Wichtiger Hinweis:
Bitte Gutschein am ersten Seminartag mitbringen. Eine Barauszahlung ist leider nicht möglich.

Weiterlesen tut gut.

Alle hier vorgestellten Bücher sind auch als eBook erhältlich.

Mehr von GU auf www.gu.de und
facebook.com/gu.verlag

Willkommen im Leben.

ÜBUNGS-REGISTER

Übungsregister

Die eigenen Werte leben	23
Gewohnheiten loslassen	30
Kopf und Bauch kommunizieren lassen	66
Gedanken benennen	74
Das Bauch-Chakra stärken	75
Achtsamkeitsmeditation	77
Gehmeditation	78
Wie Kopf und Bauch miteinander sprechen	100
Ehrlich zu sich selbst sein	105
Dankbarkeit erkennen	112
Von der Routine abweichen	117
Atembeobachtung	120
Für sich selbst sorgen	121
Abbau von Akut-Stress	131
Loslassen	139

Qi-Gong-Übungen:

Begrüßung	149
Basisstand	150
Qi wecken	152
Aufwärmphase	153
Reinigungsübung	154
Weiße Energie	156
Goldene Energie	158
Die Steinscheibe kreisen lassen	160
Die Schwingen nach Nord und Süd ausbreiten	162
Die Energie reinigen	166
Sich zur Erde beugen	167
Abschluss des Übens	168

Stichwortverzeichnis

Ablenkung 33
Achtsamkeit 72, 118
Achtsamkeitsmeditation 77
Adrenalinspiegel 131
Akut-Stress 131
Angst 102f, 141
apranihita 78
Arbeitslosigkeit 126f
Aristoteles 56
Askese 35
Atembeobachtung 120
Atemmeditation 76

Balance 81f
Bandler, Richard 69
Bauch-Chakra 75
Bauchgehirn 62
Bedürfnishierarchie 21
Bedürfnisse, körperliche 20
Bedürfnisspirale 33
Beziehungsprobleme 141ff
»big brain« 62f
Biografie 50
Blockaden 29
Bore-out 128ff
Botenstoffe 62f
Botschaft 109
Buddha 70f
Buddhismus 33, 69ff, 101
Burn-out 22, 24, 113, 128f

Chancen 111f
Charakterunterschiede 51
Cherokee-Indianer 114
Christentum 59
Clooney, George 124

Damasio, Antonio R. 61, 63
Dankbarkeit 112
Dantian 60, 150
Denkmuster 51
Depressionen 22, 24, 103, 113, 129
Design Human Engineering siehe »DHE«

STICHWORTVERZEICHNIS

Dharma 70
DHE 69
Disstress 131
Dopamin 63, 73
Dualismus 59
dukkha 76

Eigenverantwortung 48, 119f
Einklang 34
Einstein, Albert 31
Energiepyramide 39
Energiezentrum 60
Entfremdung 46
Erfahrungsreligionen 72
Erkrankungen, chronische 138ff
Eustress 131

Fasten 34ff

Gehmeditation 78
Geistesblitz 116
Gershon, Michael 63
Gewohnheiten 28ff, 55f
Glaubensreligionen 72
Grenzen setzen 120f
Großhirn 63
Grundbedürfnisse 19, 21, 37

Handlungsfreiheit 47
Hara 60
Heraklit 56
Hesse, Hermann 117
Hilfe annehmen 142
Hirnforschung 62
Individualbedürfnisse 20
Individualität 49f
Intuition 57, 83, 108, 116

Kommunikationskanäle 85, 98
Komfortzone 26, 28
Konfuzius 132
Konsum 41
Kontakte, soziale 20
Kopfgehirn 62
Kopfschmerzen 136
Krebs 139

Lebensmotive 19
Lebensphilosophie 101
Lebensstandard 67
Leere, innere 12
Leitsystem 92
Lennon, John 45
»little brain« 62ff
Loslassen 139

Mandela, Nelson 53
Manipura-Chakra siehe »Nabel-Chakra«
Maslow, Abraham 19, 41
Maslow'sche Bedürfnispyramide 19ff, 37
Mayer, Emeran 63f
Meditation 31, 69, 73ff, 117, 145
Milton-Sprache 8
Muster 32

Nabel-Chakra 60
Natur, innere 19
Negativspirale 113, 125
Neuro Hypnotic Repatterning siehe »NHR«
Neurolinguistisches Programmieren siehe »NLP«
NHR 69
Nirwana 71
NLP 8, 69, 84

Opferfalle 107
Optimismus 110

Patanjali 75
Perikles 123
Persönlichkeitsstruktur 50
Positivspirale 113
posttraumatic growth siehe »posttraumatische Reifung«
posttraumatische Reifung 54
Probleme
  berufliche 15, 124ff
  gesundheitliche 15, 132ff
  in der Partnerschaft 15, 141ff

STICHWORTVERZEICHNIS

finanzielle 15, 144ff
Problemlösung, buddhistische 102

Qi Gong 31, 79, 117, 121, 131, 145, 147ff

Reichtum, materieller 41
Repräsentationssystem 92
Resilienz 51ff
Resilienzforschung 52
Respekt 118
Rezeptoren 62
Riedl, Karl 75
Risikofaktoren 51
Routine 117
Rückenschmerzen 135

Saint Exupéry, Antoine de 8
Schlafstörungen 133f
Schockstarre 102
Selbstbefragung 106ff, 115, 133ff
Selbst-Bewusstsein 40
Selbstmitleid 103
Selbstverantwortung 124
Selbstverwirklichung 20, 38, 41
Selbstzweifel 129
Serotonin 63
Sich-Einlassen 78
Sicherheit 13, 20, 41, 141
Siddartha Gautama 70f
Sinn
visueller 84, 86, 87f
auditiver 84, 86, 89
kinästhetischer 84, 86, 90
olfaktorischer 84, 86, 91
gustatorischer 84, 86, 91
Sinneskanäle 10
Sinnesorgane 92
Spiritualität 37ff, 41
Spontanheilung 138ff
Stabilität 26
Stressresistenz 51
sukha 76
Symbiose 18
Symptome, körperliche 61

Teambuilding 98ff, 108
Thich Nhat Hanh 75
Transzendenz 21
Traurigkeit 12
Twain, Mark 1445

Übergewicht 137
Überlebenstrieb 19
Unruhe 76
Unterbewusstsein 110
Unzufriedenheit 12, 26
Urinstinkt 102
Urtrieb 19

VAKOG siehe »Kommunikationskanäle«
Veränderungen 11f, 55
Verantwortung 47f
Verspannungen 135
Verzicht 35f
Vitalbedürfnisse 19
Vorbilder 65

Wachstum, inneres 20
Wahrnehmung 84
Wahrnehmungstypen 87, 93f
Watzlawick, Paul 146
Weltbild 32
Werner, Emmy 52
Werte, eigene 23
Wertesystem, persönliches 68
Wesen des Menschen 114
Widerstandskraft 51ff
Wiedergeburt 71

Zeit 33
Zeitverschwendung 24
Zen 38
Ziele, falsche 32

BÜCHER UND ADRESSEN, DIE WEITERHELFEN

Bücher und Adressen, die weiterhelfen

Bücher

Bösenkopf, Brigitte:
Mut zur Lebensfreude: Lustvoll leben, lieben und arbeiten;
Goldegg Verlag

Cheung, Awai:
Die Qi-Formel: Das Geheimnis der inneren Zufriedenheit;
GRÄFE UND UNZER VERLAG

Engelbrecht, Sigrid:
Lass los, was dich klein macht: Die sieben Schlüssel zu mehr Selbstwertgefühl;
GRÄFE UND UNZER VERLAG

Lie, Foen Tjoeng:
Wissenswertes vom Qigong; und: Qigong Übungsbuch;
Kolibri-Verlag

Mannschatz, Marie:
Buddhas Anleitung zum Glücklichsein: Fünf Weisheiten, die Ihren Alltag verändern;
GRÄFE UND UNZER VERLAG

Mannschatz, Marie:
Mit Buddha zu innerer Balance: Wie Sie aus der Achterbahn der Gefühle aussteigen;
GRÄFE UND UNZER VERLAG

Molinari, Paola:
Lebe statt zu funktionieren! So nutzen Sie die Kraft der Intuition;
GRÄFE UND UNZER VERLAG

Pohle, Rita:
Lass los, was deine Seele belastet;
GRÄFE UND UNZER VERLAG

Storch, Maja:
Das Geheimnis kluger Entscheidungen: Von Bauchgefühl und Körpersignalen;
Piper Verlag

Zotz, Volker:
Mit Buddha das Leben meistern: Buddhismus für Praktiker;
Rowohlt Verlag

Adressen

Buddhistisches Zentrum Hamburg
Thadenstraße 79
D-22767 Hamburg
www.diamantweg.de
info@diamantweg.de

Deutscher Dachverband für Qigong und Taijiquan e.V.
Am Leinekanal 4
D-37073 Göttingen
www.ddqt.de
info@ddqt.de

IMPRESSUM

© 2012 GRÄFE UND UNZER VERLAG GmbH, München.
Alle Rechte vorbehalten. Nachdruck, auch auszugsweise, sowie Verbreitung durch Bild, Funk, Fernsehen und Internet, durch fotomechanische Wiedergabe, Tonträger und Datenverarbeitungssysteme jeder Art nur mit schriftlicher Genehmigung des Verlages.

Projektleitung: Nikola Hirmer
Lektorat: Evelyn Boos
Korrektorat: Fritz Jensch
Layout und Umschlaggestaltung: independent Medien-Design, Horst Moser
Bildredaktion: Nikola Hirmer
Herstellung: Renate Hutt
Satz: Liebl Satz+Grafik
Repro: Repro Ludwig, Zell am See
Druck und Bindung: GGP Media GmbH, Pößneck

Syndication: www.jalag-syndication.de

ISBN 978-3-8338-2734-1

2. Auflage 2013

Die GU-Homepage finden Sie im Internet unter: www.gu.de

 www.facebook.com/gu.verlag

Bildnachweis
Cover:
Artwork: Independent Medien-Design, Horst Moser
Ornament: Shutterstock
Alle Illustrationen in diesem Buch stammen von Nadine Schurr

Ein Unternehmen der
GANSKE VERLAGSGRUPPE

Unsere Garantie

Alle Informationen in diesem Ratgeber sind sorgfältig und gewissenhaft geprüft. Sollte dennoch einmal ein Fehler enthalten sein, schicken Sie uns das Buch mit dem entsprechenden Hinweis an unseren Leserservice zurück. Wir tauschen Ihnen den GU-Ratgeber gegen einen anderen zum gleichen oder ähnlichen Thema um.

Liebe Leserin und lieber Leser,

wir freuen uns, dass Sie sich für ein GU-Buch entschieden haben. Mit Ihrem Kauf setzen Sie auf die Qualität, Kompetenz und Aktualität unserer Ratgeber. Dafür sagen wir Danke! Wir wollen als führender Ratgeberverlag noch besser werden. Daher ist uns Ihre Meinung wichtig. Bitte senden Sie uns Ihre Anregungen, Ihre Kritik oder Ihr Lob zu unseren Büchern.
Haben Sie Fragen oder benötigen Sie weiteren Rat zum Thema? Wir freuen uns auf Ihre Nachricht!

Wir sind für Sie da!

Montag–Donnerstag:
8.00–18.00 Uhr;
Freitag: 8.00–16.00 Uhr
Tel.: 08 00/7 23 73 33
Fax: 08 00/5 01 20 54
(kostenlose Servicenummern)
E-Mail:
leserservice@graefe-und-unzer.de
P.S.: Wollen Sie noch mehr Aktuelles von GU wissen, dann abonnieren Sie doch unseren kostenlosen GU-Online-Newsletter.

GRÄFE UND UNZER VERLAG
Leserservice
Postfach 86 03 13
81630 München